MEDITATIONS
ET
PRATIQUE DE LA
VACUITE

Ouvrage paru : TUSHITA -
Tradition du Bouddhisme Tibétain.

A paraître : TIBET JOURNAL - Anthologie

NAGARJUNA - Lettre à un Ami

GOMANG KENSUR RINPOCHE -
Les Quatre Nobles Vérités.

GESHE NGAWANG DARGYE -
Tradition Tibétaine du Développement de l'Esprit.

Du même auteur : En préparation -
Méditation sur la Vacuité (2 volumes)

(En collaboration avec Lati Rinpoche) :
Mort, Etat Intermédiaire et Renaissance
dans le Bouddhisme Tibétain.

KENSUR LEKDEN

MEDITATIONS D'UN SUPERIEUR DE COLLEGE TANTRIQUE

SA SAINTETE
NGAWANG LOBSANG GYATSO
CINQUIEME DALAI LAMA

PRATIQUE DE LA VACUITE

Traduction originale : Professeur JEFFREY HOPKINS

Traduction française :

G. DRIESSENS - V. PAULENCE - M. ZAREGRADSKY

Editions DHARMA

Les Jacourets - PEYMEINADE - 06530

Editions originales anglaises :
Meditations of a Tibetan Tantric Abbot : KENSUR LEKDEN
et : Practice of Emptiness - The Fifth Dalaï Lama
Publiées à la Library of Tibetan Works and Archives
at the Headquarters of H.H. the Dalaï Lama
Dharamsala - H.P. 176215 - INDIA

ISBN : 2.86487.001-0

AVERTISSEMENT DE L'EDITEUR

Les textes présentés ne visent pas à la simple acquisition d'un savoir qui resterait lettre morte. Leur publication a pour but de devenir le support d'une pratique.

Il ne s'agit pas de lecture-loisir mais de pédagogie spirituelle. Pareils à un médicament ces enseignements sont propres à atténuer, mettre en échec et transformer nos modes de penser habituels.

Finalement, tant par la Méthode visant à la Grande Compassion, que par la Sagesse permettant de distinguer entre la vérité conventionnelle et ultime, ils élimineront toutes distorsions. Ces textes, réelles médecines, peuvent de prime abord sembler peu agréables à absorber. La première partie, relation d'une transmission orale, par sa maïeutique obligée, participe de cet aspect. La pénétration du sens, du pouvoir et de l'essence de ces sujets demande de se soumettre au processus de répétition de leur présentation.

Le lecteur est invité à les aborder avec un état d'esprit neuf. Sa compréhension subjective de leur signification n'étant pas obligatoirement en harmonie avec leur contexte traditionnel.

Certains thèmes traités sont applicables d'emblée, et d'autres, tels ceux exposés dans la seconde partie nécessitent une recherche plus approfondie auprès de maîtres qualifiés. Nous n'insisterons jamais assez sur ce dernier point.

TABLE DES MATIERES

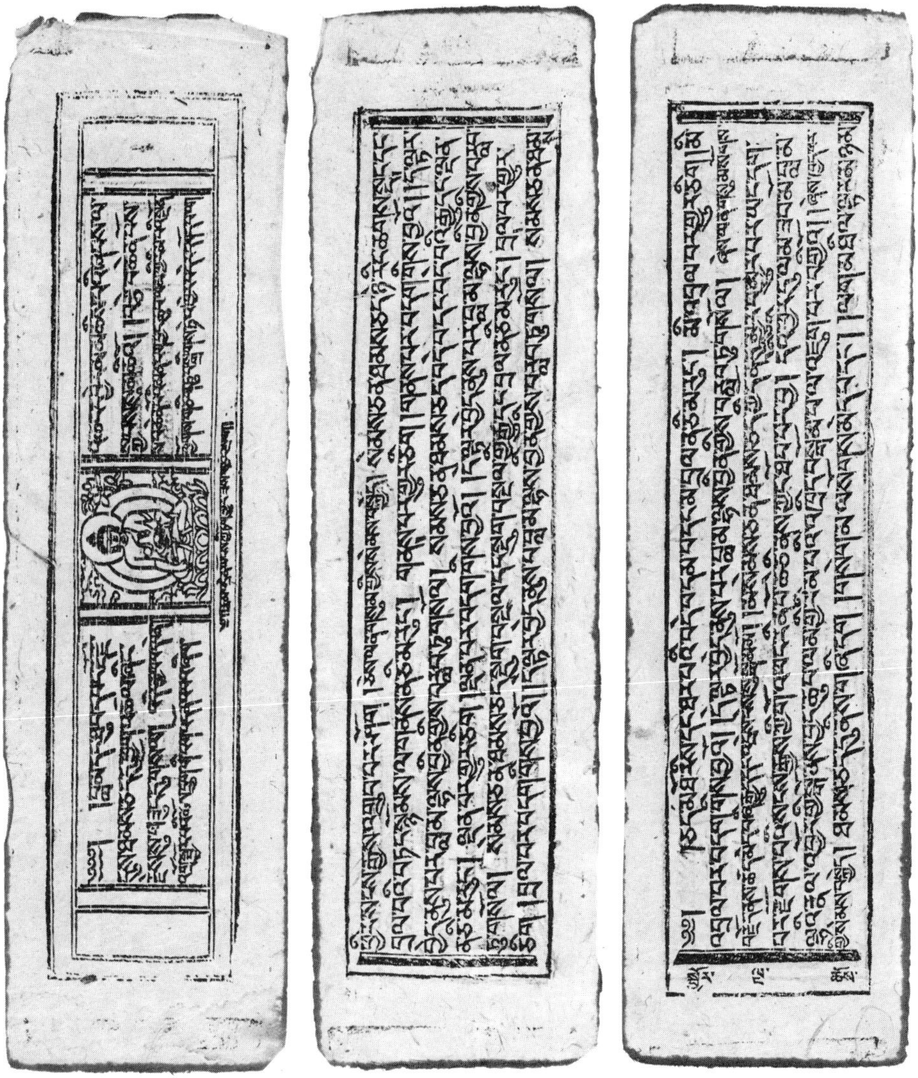

LES QUATRE INFINIS*

"Comme il serait souhaitable que tous les êtres résident en l'équanimité libre de l'attachement aux proches et de l'aversion envers les ennemis ! Puissent-ils résider en l'équanimité ! Je ferai en sorte qu'ils résident en l'équanimité ! O maîtres-déités, accordez votre grâce afin que j'acquière la capacité d'agir en ce sens !"

(équanimité)

"Comme il serait souhaitable que tous les êtres possèdent le bonheur et ses causes ! Puissent-ils posséder le bonheur et ses causes ! Je ferai en sorte qu'ils possèdent le bonheur et ses causes ! O maîtres-déités, accordez votre grâce afin que j'acquière la capacité d'agir en ce sens !"

(amour)

"Comme il serait souhaitable que tous les êtres soient libres de la souffrance et de ses causes ! Puissent-ils être libres de la souffrance et de ses causes ! Je ferai en sorte qu'ils soient libres de la souffrance et de ses causes ! O maîtres-déités, accordez votre grâce afin que j'acquière la capacité d'agir en ce sens !"

(compassion)

"Comme il serait souhaitable que tous les êtres ne soient jamais séparés des sublimes bonheurs des statuts élevés et de la libération ! Puissent-ils n'en être jamais séparés ! Je ferai en sorte qu'ils n'en soient jamais séparés ! O maîtres-déités, accordez votre grâce afin que j'acquière la capacité d'agir en ce sens !"

(joie)

(Extrait des "Préliminaires à la Voie Rapide, les Instructions Elucidant les Etapes de la Voie vers l'Eveil" d'après la transmission du Grand Vainqueur Ensapa).

*Texte intitulé également "Les Quatre Incommensurables" ou "Les Quatre Demeures de Brahma".

MEDITATIONS DU MAITRE TIBETAIN KENSUR LEKDEN SUPERIEUR DE COLLEGE TANTRIQUE

Traduction originale
du Professeur JEFFREY HOPKINS
En collaboration avec BARBARA FRYE

PREFACE

KENSUR NAWANG LEKDEN (1900-1971) fut abbé du Collège Tantrique du Bas Lhasa et, lors de l'invasion du Tibet par les communistes chinois, il avait déjà accédé à la dignité d'"ancien supérieur". Après avoir trouvé refuge en Inde il aida à rétablir des centres bouddhistes d'étude et de méditation.

Au gré des circonstances il fut amené à se rendre en France où il forma plusieurs moines et, en 1968, il se rendit au Monastère Bouddhiste d'Amérique, situé dans le New Jersey. En février 1970 il fut invité à enseigner à la Maison du Tibet à Cambridge dans le Wisconsin, fondée par le défunt Professeur Robinson et moi-même. Je fus son traducteur.

KENSUR RINPOCHE (Ancien Supérieur Précieux), incarnation des pratiques unifiées des Sutras et des Tantras et transmetteur de l'antique tradition tibétaine de méditation, délivra ses enseignements pendant dix-huit mois. Dans une série de quinze conférences il présenta en toute liberté son intime connaissance des voies communes aux Sutras et Tantras, contribuant ainsi à la transmission du Bouddhisme à l'Ouest.

Ce texte est un compendium de ses enseignements. Vastes du point de vue de l'établissement des actes compatissants des Bodhisattva, et profondes en ce qui concerne la présentation de la nature de vacuité des phénomènes, ces pratiques brillent du soleil de la Doctrine du Bouddha réfléchie si ardemment au Pays des Neiges.

Jeffrey Hopkins.

L'ENSEIGNEMENT EN METHODE

HOMMAGE A MANJUSHRI ET SVARASVATI (1)

I - L'AMOUR

A vous tous assemblés ici je désire souhaiter chance et bonheur.

Ce qui caractérise les êtres humains est l'accomplissement d'actions diverses, aussi le système des pratiques bouddhistes explique-t-il la juste manière de se conduire. Grâce à lui, discriminant entre ce qui est à pratiquer et à conserver, et ce qui est à abandonner et à rejeter, vous agirez en connaissance de cause. Le meilleur comportement consiste à s'efforcer à ce que chacun obtienne le bonheur et soit libre de la souffrance. Afin d'œuvrer en ce sens pour vous-même et autrui, trois sortes d'activités doivent être accomplies : l'écoute, la réflexion, et la méditation.

L'écoute signifie soit recevoir directement une explication soit la rechercher dans un texte, en vue de découvrir ce qui est à mettre en œuvre pour obtenir le bonheur.

Qu'entend-on par possession du bonheur ? Vous devez premièrement posséder un corps humain ou céleste en parfaite santé et libre de souffrance, jouir de ressources suffisantes, de vêtements, de nourriture, profiter d'un abri sûr, toutes modalités spécifiques d'une existence humaine ou divine. Il faut, en outre, pouvoir compter sur une longue vie et avoir la capacité d'achever les buts désirés.

Ces ressources avantageuses propres aux hommes et aux dieux sont ce que nous appelons un "statut supé rieur". Les habitants des enfers, les esprits affamés, et les animaux représentent les types inférieurs de l'existence cyclique. Que faire pour vous retrouver possesseur de ces indispensables attributs ? Afin d'obtenir à nouveau un corps humain ou divin il faut, au cours de cette présente vie, abandonner les dix actions nuisibles et maintenir l'observance des dix actions bénéfiques.

La cause principale d'un statut élevé dans le cycle des existences - caractérisé par la répétition du processus de naissance, vieillissement, maladie et mort - est une éthique parfaite. Candrakirti, dans son *"Supplément au Traité sur la Voie du Milieu"* (de Nagarjuna) écrit :

> "Mis à part l'éthique, il n'y a pas d'autre cause pour une condition favorable".

Ainsi, tous autant que nous sommes, ici même et dans ce monde, dans une vie antérieure, quelle qu'elle fut, nous avons maintenu la pratique d'au moins certaines des dix actions bénéfiques. C'est en dépendance de cela que nous avons obtenu ce corps et ces ressources.

Pour déterminer si nos vies futures seront plaisantes ou non vérifions si notre esprit est présentement engagé dans les conduites propres à la réalisation du bonheur. Notre maître, le Bouddha Sakyamuni, a dit :

> "Afin de connaître vos actes passés examinez votre corps actuel, et pour savoir ce qu'il adviendra dans le futur analysez votre état d'esprit actuel".

Votre vie présente résulte de vos actions passées, et pour déterminer la qualité de votre avenir, analysez le mode de comportement de votre esprit.

D'excellentes ressources en joie et confort sont produites par le don. Abstenez-vous du vol et de l'avarice. Cultivez également en cette vie la patience afin d'éviter de rencontrer, dans les vies futures, des circonstances défavorables telles que disputes, bagarres, punitions et autres troubles affectant soi-même et les autres.

Comme dans la vie future une bonne éducation et une connaissance de la manière d'agir sont nécessaires, efforcez-vous à l'étude dès maintenant; abandonnez ce qui est à rejeter et assumez ce qui doit être adopté. En outre, afin d'éviter d'être sujet à la dispersion, cultivez dès à présent les absorptions méditatives *(samadhi)* (2), unifiant votre esprit.

Enfin, comme dans la vie prochaine vous aurez besoin d'intelligence et de savoir pour distinguer ce qui est à conserver de ce qui est à rejeter, entraînez-vous dès maintenant en la sagesse connaissant ce qu'il est convenable ou non d'accomplir, et en celle connaissant ce qui existe. Engagez-vous dans l'étude et exercez-vous.

Si les causes du bonheur sont complètes il apparaîtra. Ces causes sont le don, l'éthique, la patience, l'effort, la concentration et la sagesse, les (dix) actions bénéfiques, etc. Si vous vous y appliquez dans cette vie les résultats heureux apparaîtront inéluctablement dans une existence ultérieure.

Il est indispensable de développer une compréhension de la pratique de l'écoute, de ce qu'est l'écoute et de ce qui doit être entendu.

A cette fin, tous les facteurs composants le penser doivent être reconnus en détail. Réfléchir signifie parvenir à la conviction, prendre la décision que l'avènement du bonheur dépend de ses causes : la vertu.

Dans le but d'obtenir les effets heureux et les causes les produisant, et parce qu'il est nécessaire, pour vous-même et les autres, de les atteindre, vous devez méditer. Les nihilistes affirmaient qu'en ce monde il est inutile de méditer et qu'il suffit de s'activer pour se procurer un merveilleux bonheur, le confort et la prospérité en cette vie. Ils prétendaient aussi que l'on doit accumuler possessions et vêtements, se soigner lorsque le corps est malade, ces activités leur semblant seules justifiées, rien d'autre n'étant nécessaire. La réponse des bouddhistes à cette philosophie est la suivante : S'il est nécessaire de travailler pour vivre, de contribuer au développement de son pays, d'œuvrer pour vous-mêmes et pour autrui, de construire des usines et de cultiver des champs, il est bon néanmoins d'agir principalement dans la perspective de la vie future. En effet, cette vie n'est pas éternelle, tout le monde doit mourir, c'est évident, et le moment de la mort est inconnu. Et, à l'heure de la mort rien, excepté les activités spirituelles, n'est utile. C'est ainsi ! Quoique votre besoin de confort et de bonheur soit légitime et que vous vous efforciez dès maintenant pour vous procurer nourriture et boisson, cette vie est courte. Nos véritables espérances de longévité sont à imputer à nos innombrables vies à venir. Ne prendre en considération que ce que l'on perçoit présentement et refuser de prendre en compte toutes les existences à venir, sous le prétexte qu'il est impossible de les percevoir, entraîne une faute extrêmement dommageable! Vous ne faites que nuire à vous-même.

Quelles sont les raisons pour une telle affirmation ? La fin de cette vie est inéluctable. Pas une seule personne au monde ne demeurera sans mourir. Et au moment de la mort pas même un seul de vos parents, pourtant si bienveillants envers vous, ne pourra vous accompagner. Vous partirez seul ! Parmi les membres de votre famille, vos enfants, frères, sœurs, ou vos amis véritables, aucun ne sera en mesure de vous suivre. (Mourir) C'est comme retirer un cheveu d'une motte de beurre : il nous faudra quitter notre corps, ainsi que le lieu où nous serons couchés, et partir seul... C'est pourquoi il est bon d'agir principalement en vue du bien-être des vies futures.

Nous ne pourrons pas emporter les richesses accumulées dans cette vie. Les amis rassemblés autour de nous seront laissés. Ni serviteurs ni d'autres personnes ne nous accompagneront. Que pourrons-nous prendre avec nous ? Seulement les prédispositions latentes créées par nos actions. C'est pour cette raison que nous devons établir des prédispositions bénéfiques au moyen d'accumulation de vertus qui sont les causes du bonheur futur. Aussi, en cette vie, étudiez, réfléchissez et méditez dans la perspective des existences ultérieures.

Si, dès à présent, nous n'accomplissons pas les causes de bonheur, nous n'aurons strictement rien à emporter au moment de la mort.

Si vous avez accumulé des actions nuisibles les prédispositions pour l'apparition de la souffrance seront établies dans votre conscience, et inversement, si vous avez amassé des actions bénéfiques, les prédispositions pour la production du bonheur seront semées. Ceci est pareil au corps et à son odeur : où qu'il aille son odeur le suit. De la même manière, quel que soit l'endroit où la personne se rende, les causes accumulées par ces deux types d'actions l'accompagnent. En conséquence, profitez de cette vie pour soigner l'écoute, et si, par la réflexion, la compréhension se fait jour, alors la méditation permettant la réalisation du bonheur et de ses causes doit être exercée.

Cultivez cette pensée : "Puissent le bonheur et ses causes être connus". Cette méditation comporte deux aspects : pour votre propre bien-être et pour le bien d'autrui. Si vous réfléchissez uniquement au sujet suivant : "Puissé-je posséder le bonheur et ses causes dans la vie prochaine et toutes les suivantes" peu de profit en résultera.

Comment se disposer pour un grand bénéfice ? En prenant en considération le bien de tous les êtres : "Puissent tous les êtres dans toutes les régions de l'espace, représentés dans cette vie par mes parents bienveillants, posséder le bonheur et ses causes !". Le bénéfice lié à une telle méditation est aussi illimité que l'espace.

Comment illustrer un tel profit ? La Parole du Bouddha exprime qu'en pressant une seule graine de sésame nous obtiendrons très peu d'huile, mais en extrayant le suc d'un grand nombre, un gros tonneau peut être rempli. Même si vous ne méditez qu'une fois et pour cinq minutes seulement, prenant tous les êtres en considération et pensant : "Puissent tous les êtres des dix directions, symbolisés en cette existence par mes parents bienveillants, posséder le bonheur et ses causes" bien qu'il s'agisse d'un effort unique et d'un court instant, et quoique l'aide effective apportée à chaque être reste minime, les mérites qui en découleront seront incommensurables en raison de l'ampleur (de la motivation). Si la vertu avait une forme, l'univers entier ne pourrait les contenir. Il s'agit, en fait, d'un produit immatériel qui n'est ni forme ni conscience. Les vertus sont des prédispositions latentes résidant en le continuum de la conscience.

De même, peu d'huile provient d'une seule graine mais beaucoup permettent d'en emplir un tonneau

entier; ainsi, si vous méditez pour le bien de tous en prenant tous les êtres innombrables comme objet de votre contemplation, souhaitant : "Puissent tous les êtres posséder le bonheur et ses causes", les bienfaits issus de cette seule pensée seront immenses du fait des prédispositions très favorables placées dans le continuum de la conscience.

Dans notre propre environnement n'agissons-nous pas avec bienveillance envers nos enfants et nos amis ? Identiquement nous devons engendrer un amour de même ampleur pour tous les êtres dans toute l'étendue de l'espace. Et s'il arrive qu'une personne se conduise avec nous comme un ennemi, nous devrions, malgré tout, nous comporter avec amour à son endroit. Il convient de cultiver la bienveillance envers chacun, qu'il nous traite bien, mal, ou avec indifférence. Pour tous développons sans défaillance un amour équanime.

La principale de vos activités doit être la production de l'amour, c'est-à-dire le souhait que tous les êtres sans exception possèdent le bonheur et ses causes. Ceci vous aidera dans le futur. De plus, n'oubliez pas d'agir en accord avec les conventions de votre pays. Déclarer poursuivre des activités religieuses et négliger vos devoirs civiques est totalement erroné !

Même si vous devez mourir demain, ou après-demain, profitez de ce jour pour étudier et méditer. Pourquoi cela ? Sakya Pandita affirmait que même à l'article de la mort on devrait encore étudier les sciences (traditionnelles) et, dans le cas où l'on ne deviendrait pas sage dans cette existence, il est (ainsi) certain que cela se produira dans la suivante. Donc , même si vous devez trépasser demain, méditez, étudiez et apprenez pendant qu'il en est encore temps.

Cette méditation comprend différents aspects. Identifiez tout d'abord les causes du bonheur, les dix actions bénéfiques, les six perfections (le don, l'éthique, la patience, l'effort, la concentration et la sagesse), puis faites naître le souhait que tous les êtres possèdent les causes du bonheur et le bonheur lui-même, c'est-à-dire, une existence humaine ou divine, le confort, les biens, etc.

Pendant les séances de pratique il faut vous asseoir dans la posture adéquate et unifier l'esprit sur son objet sans distraction.

Prenez la posture du Bouddha Vairocana (3) la position adamantine du lotus ou du demi-lotus. Les yeux ne doivent pas se perdre trop vers le haut ni être fermés, mais le regard sera plutôt placé devant soi de façon égale. Si vous ne le disciplinez pas en le tenant sur la pointe de votre nez, et le laissez s'égarer à droite et à gauche l'esprit sera distrait. La colonne vertébrale sera tenue verticale sans pencher vers l'avant ou l'arrière, à droite ou à gauche. Les épaules bien horizontales sans défaillance. La tête placée naturellement, sans pencher ni en arrière ni en avant. Le nez dans l'axe du nombril. Les lèvres et les dents ni trop serrées ni trop lâches, et la langue touchant le palais derrière les dents supérieures.

La respiration, inspir et expir, sera silencieuse et en aucune façon forcée, mais s'écoulera doucement. N'intervenez pas et laissez-la se dérouler sans bruit ni effort, sans l'accélérer ou la ralentir volontairement.

Il existe différentes façons de placer les mains; choisissez celle qui vous convient le mieux. Poser la main droite dans la gauche au centre du giron, est une de ces positions. C'est le geste de méditation égalisatrice.

Une autre est illustrée par la main gauche paume retournée sous le nombril et la droite placée sur le genou droit, touchant le sol. Elle est appelée posture de méditation égalisatrice touchant la terre. Une autre posture, celle d'Avalokiteshvara (4) est utilisée pour le repos, les deux mains à plat sur le sol de chaque côté du corps. Pour les personnes sujettes aux crampes cette position est assez confortable. Dans certains cas le méditant tient un livre ou une syllable sacrée, mais le geste de méditation (le premier cité) reste le plus aisé. Si la fatigue survient, prenez la posture du repos, elle est très efficace.

Une fois votre position stabilisée, il est conseillé de prendre une inspiration et une expiration comme une unité et de compter vingt et une respirations complètes. Ceci empêche l'égarement de l'esprit. Les oreilles n'entendront plus les bruits, les yeux ne verront plus les formes, le nez ne sentira plus les odeurs, la langue ne goûtera plus les saveurs et le corps ne sentira plus les contacts. Ces processus disparaîtront et l'esprit sera focalisé sans distraction.

Maintenant, remémorez-vous vos amis actuels et cultivez en concentration la pensée : "Puissent tous les êtres posséder le bonheur et ses causes".

Cette procédure est appelée le développement de l'amour parce que vous êtes profitable et bienveillant envers les êtres.

Initialement, commencez par de courtes sessions de 10 à 15 minutes maximum et augmentez progressivement la durée de votre séance. Ce n'est qu'après vous être exercé des mois, voire des années, que vous pourrez pratiquer plus longtemps. Il n'est pas bon de trop se fatiguer. Quand, pendant de nombreuses années vous aurez porté vos efforts sur la pensée : "Puissent tous les êtres posséder le bonheur et ses causes", un jour viendra où vous réaliserez ce qu'on appelle "l'amour infini". Cette obtention est accompagnée de stabilisation méditative, plan d'égalité et du calme.

Réservez quotidiennement un moment pour l'exercice de la méditation et développez l'amour sans interruption. Vous pouvez vous y appliquer soit tôt le matin au lever, soit le soir juste avant le coucher. En cultivant cet amour progressivement, avec lucidité, et puisque le champ de conscience embrasse tous les êtres et que vous envoyez de l'amour à chacun d'eux, c'est comme si vous leur retourniez la bonté incommensurable qu'ils vous ont prodiguée dans des vies antérieures. Agissant ainsi dans le but d'être bénéfique à tous votre activité - parmi les trois types de pratiquants : inférieurs, intermédiaires et supérieurs - se trouve incluse dans les agissements des pratiquants de capacités supérieures.

Faisons une courte pose, et lorsque vous reviendrez méditer asseyez-vous selon la posture décrite auparavant, commencez le décompte des respirations, puis souvenez-vous de vos parents présents et récitez la prière d'aspiration : "Puissent tous les êtres dans les dix directions de l'espace, illustrés en cette vie par mes propres père et mère, posséder le bonheur et ses causes." A la fin de la séance dédiez votre exercice : "Puissent les fruits accumulés par mes efforts dans l'écoute, la réflexion et la méditation, contribuer à ce que tous les êtres soient libérés du cycle des existences. Puissent-ils atteindre le rang de Bouddha !" On peut aussi réciter la formule : "Puisse la vertu, quelle qu'elle soit, issue de la pensée 'Que tous les êtres obtiennent le bonheur et ses causes' être profitable à chacun dans toutes les régions de l'espace!".

Quelle faute commet-on en omettant cette dédicace ? Même si vous vous appliquez quotidiennement à la méditation, dès qu'un peu de colère s'élève en vous ou que vous réagissez instinctivement avec irritation, à la suite d'une bousculade, il est dit que ces vertus sont détruites. Dans les Commentaires à la Parole du Bouddha il est expliqué qu'un seul moment de colère détruit la vertu accumulée depuis mille éons !

Alors que le Bouddha résidait à Bodhgaya il prêcha à 2 250 Auditeurs (5) et leur dit : "La colère détruit les racines de bien." Les Auditeurs pensèrent alors : "S'il en est ainsi, comme aucun d'entre nous ne peut prétendre ne jamais se mettre en colère, il ne nous reste aucune racine de bien, et il en sera ainsi dans le futur. Même si nous pratiquons le bien nous ne pourrons jamais rien amasser." Très troublés, ils poursuivirent leur réflexion : "Si un moment de colère peut détruire les vertus accumulées pendant mille éons, comme nous sommes sujets à la colère de nombreuses fois chaque jour, nous n'avons aucune vertu." Lorsqu'ils firent part de leur état d'esprit au Bouddha celui-ci versa de l'eau dans un petit vase et leur demanda : "Cette eau va-t-elle demeurer dans ce vase sans s'évaporer ?" Comme l'Inde est une contrée particulièrement chaude les Auditeurs pensèrent "En peu de jours le liquide aura disparu; ceci doit signifier la totale extinction de notre mérite." Et leur trouble ne fit que croître. Le Bouddha demanda alors : "Si cette eau est versée dans l'océan combien de temps y demeurera-t-elle ? Jusqu'à ce que l'océan lui-même soit asséché !"

En conséquence, ne laissez pas simplement se perdre les vertus accumulées, dédicacez-les en exprimant le souhait qu'elles soient les causes d'aide et de bonheur pour les êtres innombrables. Ainsi, jusqu'à ce que ce bonheur mûrisse ces mérites ne seront pas perdus.

Comme une petite quantité d'eau versée dans l'océan perdure jusqu'à l'évaporation intégrale de celui-ci, le fruit de vos actes bénéfiques demeurera jusqu'à sa maturation.

En résumé, le bénéfice que procure l'écoute, la réflexion et la méditation en tant que graines pour que tous les êtres connaissent le bonheur et ses causes, est inconcevable. Mais s'il n'est pas dédié il sera détruit dès l'apparition de la colère. Un tel bénéfice ne peut être perçu par l'œil mais il est immense. Vous tous, ici, êtes étonnamment vertueux. Je pense même que je ne devrais pas être assis plus haut que vous. En fait, je devrais être à vos pieds. C'est une très bonne chose que vous soyiez réceptifs à mon enseignement et que vous souhaitiez le mettre en pratique et l'approfondir.

Maintenant reposez-vous un moment puis, lorsque vous reviendrez méditer, asseyez-vous dans la position expliquée auparavant, comptez vingt et une respirations complètes et concentrez-vous une quinzaine de minutes; lorsqu'il sera temps de conclure, dédicacez vos efforts de la manière suivante : "Puisse toute la vertu accumulée par cette méditation et cette aspiration être une cause de bonheur et de confort pour tous les êtres." Votre séance sera alors terminée et vous pourrez vous lever.

II. LA COMPASSION

Une des principales fonctions de la pratique du Bouddhisme consiste à discerner ce qui est à entreprendre et ce qui est à rejeter. Nous devons réaliser le bonheur et écarter la souffrance. Comme je vous ai déjà un peu entretenu de ce qui doit être accompli, je vous exposerai maintenant, en bref, ce qui est à éviter.

La souffrance doit être éliminée. Nous devons éloigner l'inconfort physique et mental de tout un chacun, nous-même et les autres. La souffrance et ses causes une fois identifiées, tentons de supprimer la douleur. Si nous déterminons que telle souffrance spécifique découle de telle cause, nous comprendrons graduellement toutes les causes et tous leurs effets.

La souffrance est occasionnée par les dix actions nuisibles se décomposant en : trois actions négatives du corps, quatre de la parole et trois de l'esprit. Parmi les **trois actions physiques** néfastes considérons d'abord le meurtre, qui se réfère aux humains comme à tout être vivant. En termes de gravité trois sortes de meurtres sont pris en considération. Le pire consiste à tuer son père, sa mère ou un Destructeur de l'Ennemi (arhat-saint) (6). Le plus grave des meurtres résulte en une renaissance infernale; celui d'importance moyenne provoque une renaissance en tant qu'esprit affamé, et celui de moindre gravité en tant qu'animal. Le meurtre ne provoque pas autre chose que des tourments variés et conduit à une migration douloureuse. Même dans le cas d'une renaissance humaine la vie est très courte. Parce que la cause d'une renaissance humaine est le fruit du bien et du respect de l'éthique plutôt que celui du meurtre, une vie brève est nécessairement liée à la force de l'acte erroné d'avoir pris antérieurement la vie.

La seconde des actions nuisibles du corps est de prendre ce qui n'a pas été donné, c'est-à-dire voler, dérober et s'approprier quoi que ce soit de force. Si vous volez autrui, la force de l'empreinte d'une telle action entraînera une vie future sans ressources; le peu dont vous disposerez vous sera enlevé; vous ne possèderez plus rien et votre condition sera très pénible.

La troisième action négative du corps est l'inconduite sexuelle. La plus grave est pour un père d'avoir des rapports avec sa fille ou pour une mère d'avoir des rapports avec son fils. Les mêmes interdits concernant les relations sexuelles entre père et fille, le mariage entre mère et fils ou entre frère et sœur, se retrouvent de tous temps dans tous les systèmes religieux de notre monde. La mauvaise conduite sexuelle se réfère à tout ce qui tombe sous le coup de tels interdits. De même, les rapports sexuels accomplis dans un lieu saint ou devant la représentation symbolique d'un objet de refuge sont incorrects. Une faute est également commise si votre femme étant sur le point de donner naissance à un enfant vous la forcez à faire l'amour avec vous. Se laisser aller à de tels actes mène à des existences où la haine et le désir vous domineront.

Pour notre recherche des causes de la souffrance, je viens de vous faire un bref exposé de la nature des trois actions non vertueuses du corps : le meurtre, le vol et l'inconduite sexuelle. Il existe des modes d'exposition plus détaillés de ces sujets mais nous nous en tiendrons à cette rapide description.

Il y a **quatre actes non-vertueux de la parole.** Le premier est le mensonge, c'est-à-dire, affirmer n'être pas ce qui est ou être ce qui n'est pas, ou prétendre avoir ce qu'on ne possède pas et inversement, dans le but de tromper. Quel type de résultat en découle ? Dans une vie future aucune personne ne vous dira la vérité et vous endurerez la souffrance d'une existence tissée d'erreurs et de méprises.

La calomnie est la seconde non-vertu de ce groupe. Elle signifie dresser les gens les uns contre les autres par des propos comme : "Un tel a dit ceci et cela de vous !", poussant même les choses jusqu'à déclarer de l'autre parti "Celui-là vous blâme de telle et telle manière !". Semer la discorde entre les gens est appelé médisance. Le fruit d'une telle volonté de diviser est une vie future exempte d'amitié. Tous seront désagréables avec vous; les propos d'autrui ne souligneront que vos fautes et manquements; votre vie ne sera jamais harmonieuse.

Le troisième de ces manquements verbaux concerne les paroles blessantes, les propos provoquant la colère d'autrui comme par exemple : "Crétin !", "voleur !", "dingue !", bref, tout ce qui peut monter aux lèvres dans le but de blesser. Au lieu d'être poli la grossièreté est utilisée. Par exemple, pour demander à quelqu'un d'approcher ou de se diriger quelque part on s'exprime avec rudesse : "Alors, ne peux-tu avancer ?", ou "Au lieu de traîner ici va donc là-bas !" Quels seront les résultats de ces propos injurieux ? Par la suite, quel que soit le lieu de votre renaissance, on ne cessera de vous harceler de reproches, de vous sermonner. Dans vos entreprises vous n'aurez jamais la possibilité d'échanges faciles.

Les propos futiles caractérisent la quatrième classe de paroles nuisibles. Tel le fait de ne pas apprécier les discussions religieuses et philosophiques, ne pas se soucier des affaires familiales ni des besoins de vos amis, mais préférer parler à tort et à travers. Ne pas s'intéresser aux études ni à la formation technique, et gaspiller votre temps dans l'inconscience la plus totale, comme parler pour ne rien dire ! Le fruit d'une telle attitude sera l'absence d'interlocuteurs valables, la rencontre de personnes qui ne pourront vous conseiller utilement. Vous errerez sans but, dénué de bon sens, incapable de mener vos études, et vous ne saurez que faire du bruit avec votre bouche, pareil à un oiseau. Vous ne pourrez rester assis tranquillement, incapable de mener à son terme le moindre travail effectif, incapable de tenir une conversation sensée, incapable d'écrire intelligemment. Vous serez ce destructeur de son propre milieu qui va jusqu'à affirmer : "Obéir aux lois de son pays n'est pas juste !". Vous déclarerez tout ce qui vous viendra à l'esprit, minant le tissu des pratiques religieuses, détruisant les lois de votre patrie. C'est dans un tel état d'inconséquence que vous renaîtrez, proférant sans cesse des absurdités.

Ces discours insensés produisent la souffrance et, dans une vie future, des douleurs issues de l'abêtissement et de la confusion. Quelles que soient les études entreprises vous ne pourrez progresser ni parvenir à une situation élevée en tant qu'instructeur (ou même) secrétaire. Vous ne pourrez être compté parmi les sages et, perdu pour les humains, vous serez rejeté au rang des animaux.

Je viens de vous expliquer les trois activités négatives du corps et les quatre de la parole qui engendrent la souffrance. Il me reste à mentionner les **trois actions non-vertueuses de l'esprit :** la convoitise, la malveillance et les vues fausses.

La convoitise apparaît lorsque vous rendant dans un magasin, au marché ou contemplant les biens d'autrui vous êtes attiré par un objet quelconque et pensez :

"Je dois absolument me procurer cela !", "Comment pourrais-je l'obtenir ?", "Il me le faut !". Par là, dans le futur la pauvreté sera votre lot et vos propres possessions seront perdues au profit d'autrui.

La malveillance survient lorsque croisant un homme ou une femme, ou bien un animal, qu'importe, vous pensez : "Je vais lui nuire", "Je vais le détruire", "Je vais le rabaisser plus bas que moi" ou, lorsque vous vous laissez aller à imaginer le moyen de mettre un terme à son existence : "Je vais le supprimer !". C'est cela être malveillant. Sous l'influence d'un tel état d'esprit dans une vie future absolument personne ne vous témoignera de bonté. A votre seule vue les gens vous détesteront. Vous ne pourrez placer vos espérances en aucun d'eux et ainsi vous souffrirez considérablement.

La troisième des fautes mentales concerne les vues fausses. Affirmer l'inexistence de la loi de cause et effet alors qu'elle est patente en est un exemple. Soutenir que, dans le futur, la jouissance de biens ne provient pas de l'exercice du don ou que l'avarice n'entraîne pas la pauvreté, ou encore, qu'une action vertueuse en tant que cause ne produit pas le bonheur en tant qu'effet et inversement, que l'accomplissement d'une action non vertueuse ne procure ni maux ni inconfort, en sont différents aspects. De même, défendre l'opinion que de grandes qualités ne découlent pas de l'étude mais, qu'elle est gênante et devrait être écartée, ou enfin, croire que le meurtre n'entraîne pas une renaissance infernale, rangent ces (types de) de raisonnements parmi les vues erronées.

Essentiellement, les vues fausses signifient soutenir avec un entêtement malin que l'accomplissement des trois actes physiques et des quatre actes verbaux nuisibles n'est pas une faute. L'engagement dans de telles conceptions ruine complètement les racines de bien placées auparavant en votre continuum mental. Du fait de cette destruction vous serez affligés de tourments tels que l'absence des semences liées au don, ou la privation du bonheur de la longévité lié à l'abandon du meurtre.

Répétons-le, les causes de tous ces désagréments sont les trois actions non-vertueuses du corps, les quatre de la parole et les trois de l'esprit. Le mieux serait de ne jamais les commettre car elles sont source de souffrance; à défaut, réduisez-les, et si elles ont été accomplies engendrez du regret.

La contrition ou repentir signifie, par exemple, prendre conscience que les actes nuisibles du corps accomplis dans le passé n'étaient pas du tout corrects et promettre : "Je ne les répèterai pas à l'avenir." En faisant à propos de ces actes nuisibles naître le déplaisir en l'esprit vous en amoindrirez les effets et vous vous donnerez les moyens d'une aide conséquente.

De même, rappelez-vous les quatre actions maléfiques de la parole auxquelles vous vous êtes prêté et pensez : "Il était tout à fait incorrect d'agir ainsi et je ne m'y adonnerai plus à l'avenir". Vos manquements verbaux diminueront et vous vous donnerez les moyens véritables de vous aider vous-mêmes. Vos épreuves iront en s'amenuisant.

Vous devez, de la même manière, considérant leurs inconvénients, souhaiter ne pas réitérer les trois fautes perpétrées par l'esprit. Ces remords en allègeront les effets et seront d'un grand profit.

En conclusion d'une telle introspection demandez aux Trois Joyaux de vous aider dorénavant à ne plus agir de la sorte.

Vous aurez beau prétendre ne plus vouloir souffrir, si vous ne mettez pas un terme aux causes de la souffrance, il est certain que vous l'endurerez. Faites donc des efforts pour vous libérer de la douleur et de ses causes. Si vous vous appliquez à ceci en ne visant que votre seul bénéfice, votre méditation sera de peu d'ampleur. Par contre, en vous efforçant de développer les moyens de libérer tous les êtres, les effets fructueux seront inconcevables.

Comment vous engager dans une telle méditation ? Votre champ d'aspiration comprend tous les êtres, et avec la motivation qu'ils obtiennent la libération vous implorerez l'aide des Trois Rares et Sublimes : "O Triple Joyau - Bouddha, Doctrine et Communauté Spirituelle - je cultive la pensée que tous les êtres puissent obtenir la libération de la souffrance et de ses causes. Aidez-moi à faire mûrir le fruit de cette méditation !"

Dans cet état de supplication, commencez, alors, la séance de méditation. Premièrement, identifiez les composants de la souffrance : naissance, vieillesse, maladie et mort; chaleur, froid, faim et haine... "Puissent ces souffrances et leurs causes, les dix actions nuisibles accumulées dans mon propre courant de conscience et dans ceux d'autrui, être complètement détruites !"

Quelle est la raison d'une telle prière ? Si vous combinez la force de votre pensée avec un objet puissant (en l'occurence, le champ de cette pensée : tous les êtres) le fruit de la méditation viendra rapidement à maturation. Dans ce cas précis, la grande force de votre aspiration consiste en la contemplation de la libération de la souffrance et de ses causes, les dix actions nuisibles, et de votre requête aux Trois Joyaux. Pourquoi l'objet est-il aussi puissant ? Si vous prenez en compte tous les êtres, symbolisés en cette vie par vos père et mère puisque ce sont eux qui vous ont présentement témoigné la plus grande bonté, l'objet en lui-même sera très efficient. Par la combinaison de ces deux (la force de la pensée et celle de l'objet) l'effet se fera rapidement sentir. Donc, lorsque vous dites : "Puissent tous les êtres, illustrés en cette vie par mes parents, être libérés de la souffrance et de ses causes", vous accumulez de grandes vertus.

On distingue quatre types d'action. Si le méditant possède un esprit puissant et si l'objet de sa réflexion est hors du commun, il pourra, en cette vie même, commencer à expérimenter les résultats de sa discipline. Si sa concentration n'est pas très tenue il s'agit alors d'un type d'action dont l'effet ne commencera à se faire sentir que dans l'existence prochaine. Si l'aspiration et l'objet de méditation sont faibles, les résultats ne commenceront alors à être expérimentés que dans la troisième existence. Les effets bénéfiques tarderont à se manifester. Enfin, lorsque sans réfléchir vraiment à votre objet et sans force dans votre pensée, vous récitez simplement "Puissent-ils être libérés de la souffrance et de ses causes", c'est une "action incertaine" dont le moment de maturation n'est pas connu...

Donc, au début de la procédure prenez refuge dans les Trois Joyaux et développez la pensée : "Tous les êtres doivent être libérés de la souffrance et de ses causes. A cette fin je vais méditer. Puisse l'intention de ma concentration porter fruit". Si vous prenez à cœur cette pensée et son objet, c'est-à-dire tous les êtres vivants, vous commencerez, dès cette vie même, à en expérimenter les effets.

Pour méditer adoptez la posture adamantine ou celle du demi-lotus. Au début, des obstacles sont susceptibles de gêner votre pratique, votre esprit étant distrait peut s'égarer, et se recueillir devient impossible. Afin de stopper les différentes consciences de l'œil, de l'oreille, du nez, de la langue et du corps, comptez vos respirations et ainsi libérez votre conscience mentale. Certains, dès le début, sont aptes à méditer, et leur esprit se maintient tout de suite sur son objet. Il est souhaitable pour eux de commencer directement l'exercice sans se concentrer sur le décompte de la respiration.

Au terme de votre session suppliez les Trois Joyaux afin que les vertus accumulées deviennent une cause de félicité pour tous les êtres. C'est avec cet état d'esprit que vous terminerez.

Après ces quelques explications avez-vous des questions à poser ?

Q. - Qu'entend-on par Trois Joyaux ?

R. - Les Trois Joyaux sont le Bouddha, sa Doctrine et la Communauté Spirituelle. Bouddha se réfère aux Bouddhas eux-mêmes; la Doctrine aux vraies cessations des perturbations et aux vraies voies y menant; et la Communauté Spirituelle aux Auditeurs Supérieurs, aux Réalisateurs Solitaires Supérieurs et aux Bodhisattvas Supérieurs (7). Ceux-ci constituent le refuge véritable. Analogiquement, nous prenons comme refuge une représentation du Bouddha, les livres de son enseignement et la communauté des moines et nonnes. Une image du Bouddha n'est, bien entendu, pas le Bouddha lui-même, pas plus que l'ensemble des pratiquants ordonnés ne sont des Auditeurs, Réalisateurs Solitaires ou Bodhisattvas. Cependant, ils peuvent faire fonction d'objet de refuge et à travers eux vous pouvez très bien parvenir à votre but.

Q. - Quand nous cultivons la pensée "Puissent tous les êtres obtenir la libération de la souffrance et de ses causes" comment devons-nous procéder ?

R. - Contemplez ainsi : "Puissent-ils être séparés des souffrances que représentent le fait de naître, de vieillir, d'endurer la maladie et de mourir, tous maux causés par la force des actions impures et des distorsions, d'avoir faim, soif, de subir ce qu'ils ne souhaitent pas, d'être tourmentés par la chaleur et le froid, etc." Pensez que si dans le futur ils reprennent naissance dans une condition infortunée ils endureront les tourments incommensurables des enfers, des esprits affamés et des animaux. Même s'ils échappent à ces formes douloureuses de naissances et renaissent en tant qu'humains ou dieux, ils devront malgré tout endurer de grandes douleurs produites en dépendance d'actions souillées et de perturbations : naissance, vieillesse, maladies et mort. Contemplant cela développez l'aspiration qu'ils deviennent libres de la douleur.

Q. - Si lors du décompte des respirations nous sommes distraits que devrions-nous entreprendre ?

R. - Ou bien recommencez dès le début ou bien tentez de ne plus vous égarer en repartant du chiffre atteint.

III. LA JOIE

Dans le système bouddhiste des pratiques religieuses les personnes sont classées selon leur capacité. On distingue celles de grande, de moyenne et de petite capacité. Ces dernières sont elles-mêmes divisées en trois groupes petit, moyen et grand.

Les individus du groupe de motivation "petite de petite capacité" sont ceux dont les efforts tendent aux plaisirs de cette existence et qui, hormis cela, ne se soucient de rien d'autre. Ils ne s'engagent dans aucun courant religieux bouddhiste, chrétien, islamique ou autre. Les veaux sont un bon exemple de ce genre d'êtres, et même s'il s'agit d'humains ils ne font que détruire (la chance) d'une pratique spirituelle. Ils n'accomplissent aucune vertu et sont donc pareils aux animaux.

Les "moyens de petite capacité" sont engagés à la fois dans des activités profanes et religieuses. Leur intention vise uniquement les bienfaits de cette vie, et quand bien même ils s'engagent dans quelque rite ce n'est ni pour améliorer le sort de leurs parents ou leur être agréable, ni dans le souci de leur future existence, mais exclusivement pour jouir de plus de bonheur dans cette vie même. L'intention qui anime la soi-disant pratique religieuse de ces individus n'est pas correcte car, en fait, leurs activités ne peuvent jamais fonctionner comme de véritables exercices spirituels.

Ceux de "grande petite capacité", ou les meilleurs des petits, s'engagent dans les observances religieuses en vue principalement de renaissances plus fortunées. Bien qu'ils recherchent le bonheur, le confort, les aliments, la boisson et les moyens de subsistance propres à cette vie, ceci ne constitue pas leur activité essentielle. Ils sont surtout motivés par la recherche de conditions favorables pour leurs prochaines existences. Ces chercheurs sont connus comme les meilleurs de la petite capacité, ils ne pratiquent pas la religion pour le bien des autres mais pour eux-mêmes. Parmi les tenants actuels d'une religion ceux ainsi engagés dans des activités ayant pour but un bonheur futur dans l'existence cyclique sont les plus inférieurs parmi les inférieurs.

Pourquoi recherchent-ils un bonheur futur ? Ayant identifié la causalité des actions, ils savent distinguer les bonnes et les mauvaises. Ils savent également qu'après la mort ils expérimenteront des plaisirs en dépendance de leurs vertus passées et des douleurs dont les causes sont leurs actions nuisibles.

Ils sont persuadés que cette existence va prendre fin et que par la suite s'ils devaient subir une migration involutive, telle que naître dans un enfer, en tant qu'esprit affamé ou comme animal, ils seraient en proie à de grandes souffrances, alors qu'une naissance humaine ou céleste leur sera plus favorable. C'est pourquoi ils recherchent une condition fortunée. Ils sont conscients que, quelle que soit la durée de cette vie, elle ne se prolongera pas éternellement, et qu'avant la fin de l'existence cyclique d'innombrables naissances constitueront leur lot. Aussi, plutôt que de rechercher le seul bien-être en cette vie, o combien courte, et d'avoir à rencontrer ultérieurement un état douloureux, ils s'exercent aux pratiques religieuses.

Initialement ils prennent refuge. Leur prise de refuge étant précédée de deux constatations : le souci de leurs propres souffrances dans la perspective d'une mauvaise migration et la certitude que les Trois Joyaux ont le pouvoir de les en protéger, elle est particulièrement forte.

C'est pourquoi, faisant confiance aux Trois Joyaux, du fond du cœur, ils leur demandent protection et aide, et prennent refuge en eux.

Si lorsque vous prenez refuge ces deux mobiles existent au seul niveau verbal votre action ne dépassera pas votre bouche et ne sera que vaines paroles ! Par contre, si ces deux causes, la préoccupation de vos propres souffrances dans l'éventualité d'une renaissance inférieure, et la croyance en la capacité des Trois Joyaux de vous en protéger, sont profondément ancrées (dans le sens d'une minutieuse investigation), elles seront réelles et le refuge lui-même sera effectif.

Agissant ainsi après avoir placé en votre esprit ces deux raisons, dites : "Je prends refuge en le Lama. Je prends refuge en le Bouddha. Je prends refuge en la Doctrine. Je prends refuge en la Communauté Spirituelle." Je voudrais vous conter l'histoire expliquant pourquoi nous prenons d'abord refuge en le Lama (Maître).

Lorsque le Bouddha fut sur le point de mourir à l'âge de 81 ans, il en informa ses disciples. Manjughosha et Vajrapani lui demandèrent : "Après votre mort, auprès de qui pourrons-nous recevoir des éclaircissements sur la Doctrine ? En qui pourrons-nous placer notre confiance ? Il est très difficile de se fier à l'apparence d'une personne. Nous ne saurons certainement pas ce qui pour nous sera le mieux à faire. Et Bouddha, l'Enseignant, de répondre : "Si dans le futur vous faites la requête afin de recevoir les enseignements, je bénirai votre Lama (guru, en sanscrit) et m'incarnerait en lui. Votre foi en lui agira comme foi en moi."

Depuis ce temps quand nous prenons refuge nous disons : "Je prends refuge en le Lama. Je prends refuge en le Bouddha. Je prends refuge en la Doctrine. Je prends refuge en la Communauté Spirituelle." Ce qui ne signifie pas qu'il y ait quatre Joyaux mais seulement trois.

La formule du refuge n'est qu'un ensemble de mots. Sa véritable signification prend sa source dans les profondeurs de votre esprit en déterminant votre confiance en le Lama, le Bouddha, la Doctrine et la Communauté Spirituelle à qui vous demandez de l'aide. Faire cela avec un esprit confiant, une foi fermement établie et une solide connaissance des qualités des Trois Joyaux,assure un refuge réel. Nous venons ainsi de déterminer qu'il existe deux sortes de refuge verbal et réel.

De plus, une véritable prise de refuge est déterminée par quatre qualités : la personne connaît les attributs des Trois Joyaux, les caractéristiques de chacun d'eux, elle les accepte comme pure source de refuge, c'est-à-dire, qu'elle comprend qu'il n'en existe pas de supérieur, et enfin, elle ne se tourne vers aucune autre source de refuge. La compréhension de ces quatre points fonctionne comme une aide continue que vous soyez endormi, éveillé, que vous travailliez ou étudiez.

Si vous faites partie de ces "meilleurs parmi les petits" et êtes doté d'une excellente intelligence, ce point vous fournira amplement matière à réflexion. Vous penserez "Afin de ne pas renaître dans un état douloureux en tant qu'habitant des enfers, esprit affamé ou animal, et d'obtenir un état heureux comme dieu ou être humain, je prends refuge dans les Trois Joyaux." Ceci établi, est-ce suffisant ? Examinant ce point vous vous rendrez compte que demander l'aide des Trois Joyaux en vue de renaître comme humain ou comme dieu et effectivement obtenir satisfaction, ne vous met pas à l'abri de la naissance, de la vieillesse, des maladies et de la mort. Donc, l'acquisition du bonheur dans la vie prochaine n'est pas suffisante. Par cette réflexion vous arriverez ainsi à une compréhension plus profonde.

A moins d'être tout à fait libéré de l'obligation de reprendre naissance sous l'influence des actions contaminées que la vie soit heureuse ou malheureuse demeure très insuffisant et, en fait, peu souhaitable. Au moyen d'une telle réalisation vous dépassez les capacités de compréhension des êtres de motivation inférieure. Bien que vous ne soyez pas encore parvenu au niveau de l'individu moyen ou supérieur, vous êtes au-dessus de celui de type initial.

Progressant ainsi dans votre réflexion vous prenez conscience de la nécessité d'obtenir la libération de tous les états du cycle des existences, et de ne plus être assujetti aux naissances subies en dépendance des actions contaminées et des distorsions. Il vous faut gagner l'état de félicité que procure l'extinction de toute souffrance. Vous comprenez que les actions contaminées sont provoquées par les facteurs perturbateurs (klesas) et que tous nos ennuis proviennent de ces ennemis.

La pensée suivante se fera jour : "Je dois vaincre cet ennemi que sont les perturbations de l'esprit, je dois me libérer de l'esclavage. Je dois réaliser pour moi-même le bonheur, l'extinction de toute souffrance." Cette volonté d'obtenir la libération du cycle est la pensée-type d'un être de motivation moyenne.

Deux causes déterminent, ici encore, votre refuge : le souci de vos propres souffrances et la croyance en le pouvoir des Trois Joyaux de vous en protéger. Agissant seulement pour votre propre bien, sans vous préoccuper des autres, vous n'avez pas encore atteint le niveau de l'individu de grande capacité. Exprimant la motivation de l'individu de capacité moyenne vous demandez l'aide des Trois Joyaux, et en vous engageant dans les méditations adéquates vous serez en mesure de vous libérer de l'existence cyclique. Ainsi concerné par votre propre souffrance et, confiant en le pouvoir de protection des Trois Joyaux, vous prenez refuge du fond du cœur et, que vous travailliez ou que vous méditiez, votre prise de refuge est pure. L'accomplissement des pratiques propres aux disciples de moyenne motivation vous permettra d'obtenir l'état de bonheur d'un Auditeur-Destructeur de l'ennemi ou d'un Réalisateur solitaire. Destructeur de l'ennemi, tous deux capables de demeurer dans un état plaisant. Aucun profit n'est acquis pour autrui, vos propres pères et mères. Vous travaillez à votre seul bien-être et ceci ne peut dépasser une pratique religieuse moyenne. Je vous expliquerai plus tard en détail comment une telle personne, non seulement n'accomplit pas le bien d'autrui, mais ne parvient pas non plus à réaliser ses propres buts. Ce que je viens de vous décrire est le mode de réflexion de celui qui, cherchant son bien-être personnel, passe du degré supérieur de la petite capacité à celui (de l'individu) de motivation intermédiaire.

Voyons maintenant le cheminement d'un être doué de facultés mentales supérieures qui progresse de la meilleure capacité de motivation inférieure à la plus haute. Il vous faut réfléchir ainsi : "Bien que je puisse atteindre dans ma prochaine vie les bonheurs inhérents aux états humains et divins, il me faudra tout de même mourir; ainsi le bonheur d'une vie future est insuffisant." Et, sans prendre en compte uniquement votre bien-être personnel, vous englobez dans votre réflexion celui de tous les êtres : "Il est insuffisant pour tous les êtres, illustrés par mes père et mère, d'atteindre le bonheur dans leur vie prochaine. En effet, sans être libérés de l'existence cyclique le simple fait d'échapper à une mauvaise migration et de connaître une heureuse renaissance dans l'existence à venir ne leur sera pas d'une grande utilité car, en fin de compte, ils seront encore contraints de mourir et de renaître.

En conséquence, comme moi-même, tous les êtres devraient parvenir à la libération de leurs chaînes." Vous êtes alors, en procédant directement du meilleur stade de la motivation inférieure, sur le point de développer la motivation la plus élevée.

Deux causes sont associées à votre refuge; les quatre défauts propres à tous les êtres vous concernent : leur existence cyclique, leur recherche d'une paix solitaire, c'est-à-dire la simple délivrance personnelle, les obstructions à la libération et les obstructions à l'omniscience (8); vous possédez la certitude que les Trois Joyaux ont le pouvoir de protéger chacun de ces quatre fautes, et vous avez confiance en eux du fond du cœur. Quand vous atteignez le stade d'un être de motivation supérieure vous oubliez votre propre bien-être et devenez préoccupé par celui d'autrui.

Bien que vous ayez abandonné votre dessein, il se réalise comme cela ne pourrait se produire d'aucune autre manière. Prenons le cas d'un chef d'état ayant renoncé à ses aspirations personnelles, motivé par le bonheur de ses concitoyens. Son pays en bénéficiera grandement et, puisqu'il recherche la paix pour le monde entier, son abnégation en fera un être renommé et respecté. A sa mort chacun pensera : "C'était un grand homme!" et cette réaction sera partagée autant par ses compatriotes que par les étrangers. Ainsi, en termes de pratique religieuse, quand vous mettez au second plan vos aspirations personnelles et tentez de faire connaître aux autres le bonheur, bien que vous n'entrepreniez rien en votre propre nom, spontanément il vous accompagne.

Il y a donc trois types de refuge accomplis par les individus des trois niveaux de motivation. Si nous en sommes capables nous devrions nous engager dans celui correspondant au pratiquant de grande capacité, car un seul instant de son refuge est plus efficace que cent mille refuges de petite motivation. Toute votre pratique d'écoute, de réflexion et de méditation devrait être précédée de la prise de refuge.

Pour notre refuge, aujourd'hui, nous supplierons les Trois Joyaux en ces termes : "Je me sens concerné par tous les êtres, par leurs existences sans cesse recommencées, par leur recherche d'une paix solitaire et par les deux voiles (qui les obscurcissent), et je suis certain que les Trois Joyaux ont le pouvoir de les protéger tous de ces quatre souillures. Je demande du fond du cœur l'aide des Trois Joyaux. Dans ce but je vais méditer. Aidez-moi à rendre ma méditation opérante !".

Il existe des argumentations portant sur l'inconvenance de la recherche d'une paix solitaire et il existe un entraînement dit des six causes pour un effet en vue d'aider les "meilleurs des petits" à accéder au rang des supérieurs. Si je vous expliquai cela aujourd'hui nous n'en finirions pas. Le ferai-je plus tard ? (En attendant) reprenons notre sujet du jour.

Après avoir pris refuge le but de la méditation est de cultiver une pensée de joie : "Puissent tous les êtres ne jamais être séparés d'un bonheur libre de souffrance !" Pourquoi engendrer une telle pensée ? Habituellement, même lorsque vous êtes heureux, possédant des biens comme la nourriture, la boisson, les vêtements et un habitat, cela ne vous empêche pas de subir les souffrances dues à la maladie, à la chaleur et au froid, aux dangers multiples, aux agressions, etc. Les désagréments physiques et mentaux demeurent. Ainsi, le bonheur n'est jamais le seul facteur présent; il est mêlé à la souffrance comme la nourriture saupoudrée de poison. Notre situation est vraiment difficile...

En quoi consiste exactement la méditation ? Il s'agit de solliciter les Trois Joyaux afin qu'ils aident tous les êtres, illustrés par nos parents de cette vie à jouir seulement du bonheur, à ne pas être séparés d'un bonheur exempt de difficultés, à posséder les attributs physiques et mentaux propres aux renaissances supérieures et, finalement, à obtenir la félicité de la libération du cycle des existences.

Pendant ce cours nos périodes d'application sont de quinze minutes, mais chez vous il vaudrait mieux vous en tenir à cinq ou dix minutes d'une session courte mais claire. Ensuite, au moment de quitter la méditation, implorez les Trois Joyaux en pensant : "Puissent les bienfaits issus de cette concentration fructifier pour tous les êtres dans toutes les régions de l'espace". Pressez ensemble vos paumes en tenant les pouces à l'intérieur.

Votre aspiration envers le refuge et votre désir de méditer engendrent de grands mérites, et il est bien difficile de trouver des personnes ainsi motivées de par le monde. Sans même prendre en considération une pratique continue, il existe des récits de réalisations rapides de la Bouddhéité issues des prédispositions latentes établies au cours d'une seule séance de recueillement.

Avant la contemplation prenez refuge en les Trois Joyaux du plus profond de vous-même en vous sentant concerné par les affres du cycle des existences, de la paix solitaire et des deux obstructions qui imprègnent tous les êtres, confiants en le pouvoir des Trois Joyaux de les protéger de ces quatre afflictions. Lorsque vous concluez, offrez une requête pour que les effets fructueux de votre session ainsi créés, servent à aider tous les êtres.

Si vous avez quelques questions je vous prie de les formuler.

Q. - Lorsque nous adressons une requête sous cette forme quel pouvoir effectif détiennent les Trois Joyaux ?

R. - Le Bouddha révèle le refuge, la Doctrine est le refuge véritable, et la Communauté Spirituelle les compagnons qui aident à la réalisation du refuge. Puisque la Doctrine est le refuge véritable nous devons l'identifier clairement. La Doctrine comprend la triple division des Ecritures et les voies qui définissent trois entraînements.

Les Ecritures traitant principalement de l'entraînement en éthique supérieure sont comprises dans la division de la Discipline. Celles qui enseignent principalement la méditation stabilisatrice supérieure entrent dans la section des Discours et enfin, celles qui révèlent l'entraînement en sagesse supérieure font partie de la Métaphysique.

Les voies comportent trois modes d'engagement : éthique, méditation stabilisatrice et sagesse. L'éthique est de trois types, selon qu'elle se réfère à la libération individuelle, au Bodhisattva ou au Mantra Secret. Le simple maintien des plus inférieurs de ces vœux, ceux de libération individuelle, permet l'obtention d'une bonne migration, une renaissance dans un statut élevé, humain ou divin. Rappelons la parole de Candrakirti dans son *"Supplément"*.

"A part l'éthique, il n'existe pas d'autre cause d'une condition favorable."

Lors de l'entraînement en absorptions supérieures vous atteignez les perceptions supranaturelles de l'œil, de l'écoute, le souvenir des vies antérieures, la connaissance de l'esprit des autres et (le pouvoir de) l'émanation magique. De manière ultime vous pouvez vous libérez des liens.

De même, par l'entraînement en sagesse supérieure vous engendrez la sagesse percevant directement la réalité ultime, la vacuité. Ceci réalisé, vous pouvez alors atteindre la vérité finale des trois Véhicules, le sentier "au-delà de l'étude" propre à chacun d'eux. Toutes ces réalisations sont issues de l'engagement en sagesse supérieure.

En conséquence, lorsque vous prenez refuge vous le faites en le Bouddha, le révélateur du refuge; en la Doctrine, le refuge véritable; et en la Communauté Spirituelle, ceux qui vous aident à achever le refuge. Ainsi, lorsque vous le pratiquez réellement, accomplissant ce qui doit l'être et écartant ce qui est à rejeter, vous serez finalement libéré. Un tel système religieux apparaît dans un lieu où les gens ont de vastes mérites. Dans d'autres contrées il ne fleurira pas, il disparaîtra.

Q. - Si une personne fait de grands efforts pour le bien d'autrui mais n'est pas engagée dans une conduite spirituelle, dans quelle catégorie pourrions-nous la classer ?

R. - Hormis le fait que cette personne se déclare non religieuse, elle agit en conformité avec la religion et de grands bienfaits en découlent. Cependant, si elle agit par désir de renommée elle ne récoltera aucun avantage (Par contre) si elle nc s'active pas en vue de sa propre réputation et cherche à dissiper les défauts affligeant autrui ses activités se trouvent motivées par la compassion.

Q. - Vous avez cité quatre fautes : l'existence cyclique, la paix solitaire et les deux voiles. En quoi la paix solitaire est-elle erronée ?

R. - Ce genre de paix est exclusivement l'extinction de la souffrance pour soi-même. Celui qui est libéré de l'existence cyclique et qui a obtenu l'état de Destructeur de l'ennemi n'a plus besoin de biens matériels ni de vêtements ni de sommeil, n'a plus à subir les renaissances, la vieillesse, la maladie ou la mort. Il peut rester mille éons en concentration sans que cela lui paraisse plus d'une heure. Pourtant, comme il n'aide en rien les autres êtres, il est très loin de la réalisation de la Bouddhéité.

Alors les Bouddhas réveillent les Destructeurs de l'ennemi en leur disant : "Sans même prendre en compte le bien des autres, bien que personnellement vous n'ayez plus à vous égarer dans le cycle des existences, vous n'avez nullement parachevé votre propre bien. Eveillez-vous de votre absorption et entrez dans le Grand Véhicule (la voie du Mahayana) comme un être de motivation supérieure !" Ainsi exhortés ils quittent leur état d'absorption.

En Inde et au Tibet, dans des grottes montagnardes de retraite, des cas sont connus. Des méditants ayant passé un éon en absorption, ont quitté leur corps. Durant leur contemplation les ongles de leurs mains poussèrent de telle façon qu'ils encerclaient plusieurs fois leur corps. Tout ce qui reste à voir après que les-Bouddhas les aient fait quitter leur méditation, est un cadavre cerclé d'ongles ! J'en ai vu personnellement cinq ou six en Inde et seulement un ou deux au Tibet. Une telle pratique est une voie très longue. Celui qui était passé du stade de meilleur parmi les petits au niveau de motivation supérieure aura déjà atteint la Bouddhéité alors que (ce tenant de la paix solitaire), qui avait quitté le niveau de meilleur des petits pour celui d'un être de motivation moyenne, est resté jusqu'à présent en concentration paisible.

En résumé, au début mieux vaut agir que de ne rien faire du tout ! Par la suite, s'engager dans les activités d'un être de capacité moyenne vaut mieux que celles des meilleurs parmi les inférieurs. Cependant, cette dernière forme reste incomplète car elle ne permet pas de parachever son propre bien, pour ne rien dire de celui des autres. C'est pourquoi il est dit, que ce pratiquant demeure dans une paix solitaire et se trouve en difficulté.

IV. L'EQUANIMITE

Dans nos méditations antérieures nous nous sommes attachés à développer les pensées suivantes : "Puissent tous les êtres connaître le bonheur", ensuite, "Puissent-ils être libres de la souffrance", et enfin, "Puissent tous les êtres demeurer dans le bonheur libres de souffrance". Aujourd'hui, notre propos sera le souhait que tous soient libres de l'attachement (qui les lie à certains) et de la répulsion (qui les tient éloignés d'autres), en un mot qu'ils puissent être libres du désir et de la haine.

Sous le pouvoir de la familiarité et de la répulsion certains deviennent l'objet d'une grande sympathie, de l'aversion ou d'une complète indifférence. De tels sentiments ne sont souhaitables, ni pour vous-même, ni pour votre environnement. Jusqu'à ce que nous atteignions le rang de bodhisattva nous souffrons tous de sympathie et d'inimitié, de désir et de haine. Apprenons à les identifier.

Prenons un exemple connu de tous : Un de nos intimes meurt, et nous en pleurons de tristesse. C'est une situation pénible pour nous, "Oh, Untel est mort. Quel malheur !" C'est ainsi parce que notre ami nous était très proche, très attachant. Lorsqu'un être cher tombe malade nous nous soucions de ses maux comme s'il s'agissait des nôtres.

Inversement, d'un tiers qui ne nous est pas sympathique nous disons qu'il est distant. Une des caractéristiques de cette distance est la joie ressentie à sa mort. Nous disons alors : "Voilà une bonne nouvelle !" prenant plaisir à sa fin...

Enfin, lorsqu'une personne qui ne nous est ni proche par notre attachement ni éloignée par notre vindicte meurt, nous commentons à peine l'annonce de sa fin par un "Bof !", et passons à autre chose. Nous ne nous en soucions pas plus que si nous avions brisé une tasse.

Ainsi, attaché à un proche nous nous préoccupons de sa santé comme s'il s'agissait de notre propre corps. Lorsqu'un ennemi succombe à ses maux nous nous réjouissons. Voilà ce que nous appelons l'attachement et l'aversion.

Parce que ce monde fait partie du cycle des existences le désir et l'aversion y fleurissent. Sur cette terre, tant que nous ne demeurerons pas dans l'équanimité, libres de ces sentiments, certains nous témoigneront de la sympathie, et à notre tour, nous serons amicaux à leur endroit; nous souhaiterons combattre et tuer ceux qui sont agressifs, et à défaut d'y réussir nous agirons vis-à-vis d'eux avec malveillance. Sans parvenir à développer le sens de l'équanimité, postulant que tous les êtres - habitants des enfers, esprits avides, animaux, demi-dieux et dieux - devraient tous également connaître le bonheur et être libérés de la souffrance, aucune pratique religieuse pure, aucune méditation pure ne pourront être effectuées.

Afin d'atteindre un tel état d'équanimité engageons-nous dans la méditation proprement dite; réfléchissons au fait que tous les êtres, bien que n'étant pas nos parents dans cette vie, le furent dans nos vies antérieures. Quelle faute y a-t-il à ne pas reconnaître cela ?

Le présent Dalaï Lama est la soixante septième incarnation d'Avalokiteshvara (généalogie des naissances comprenant les lignées indiennes et tibétaines) apparues dans le monde pour le bien des êtres, depuis l'époque du Bouddha Sakyamuni. Parmi elles, sept étaient dotées de connaissances surnaturelles et demeurèrent en absorption méditative. L'une de ces dernières explora l'univers afin de se rendre compte des formes que prenaient l'attachement et l'aversion, et de l'harmonie ou de la disharmonie y régnant. On distingue cinq connaissances supérieures : l'œil divin permet de percevoir les événements se déroulant présentement dans le milliard de mondes de ce système cosmique; l'oreille divine permet d'entendre ce qui se dit dans le milliard de mondes de ce système, tout comme si les personnes dialoguaient près de soi; la connaissance des vies permet de percevoir ses propres renaissances et celles d'autrui, de savoir comment, et où, est née telle personne, quels actes ont causé telle renaissance, et cela depuis un passé incalculable; avec la connaissance de l'esprit des autres, toutes les pensées étrangères sont perçues; et avec la connaissance des créations magiques on peut se déplacer dans les airs, passer à travers les murs et autres exploits. Ces connaissances peuvent être atteintes par la concentration. Donc, cet être possédait ces réalisations. Approchant d'une famille il vit une jeune femme câlinant son enfant sur son sein; (visiblement) elle adorait son enfant. Elle était assise et dégustait de l'agneau rôti. Lorsqu'elle posa un instant la viande à côté d'elle un chien surgit et la lui déroba. Elle faillit le tuer en lui lançant une pierre. Analysant cette scène au moyen de ses pouvoirs l'adepte perçut que l'ennemi des parents de cette femme avait détruit leur foyer et, qu'après sa mort il prit naissance comme l'enfant envers lequel cette femme manifestait tant d'affection. Le père de cette femme reprit naissance en tant que mouton, et c'est de la chair du mouton, son père, qu'elle se régalait. Sa mère une fois morte reprit naissance en tant que chien, cet animal même qu'elle venait de lapider avec une pierre !

Profondément troublé par ce spectacle l'adepte s'attristait "Cette femme tient dans ses bras l'ennemi qui détruisait sa famille, elle mange la chair de son père et vient d'échouer de justesse dans le meurtre de sa mère en lui lançant une pierre à la tête", et il se mit à pleurer.

Ainsi, dans le passé tous les êtres ont été vos propres parents. C'est uniquement sous l'influence néfaste du désir et de la haine que, considérant certains comme agréables, nous nous conduisons amicalement envers eux et, inversement, jugeant d'autres indésirables, nous les traitons mal. Rien de bon ne peut survenir de telles attitudes. Pourquoi ?

Sous l'influence du désir ressenti pour nos proches et nos intimes nous engendrons de l'attachement et de l'attirance et, envers ceux que nous tenons à l'écart, nous nous mettons en colère. Mais dans nos vies passées toutes ces personnes, proches et étrangères, ont indistinctement été nos amies ou nos ennemies. Et ceux que nous aimons tant aujourd'hui, nos enfants, les membres de notre famille, nos propres parents, ont été nos adversaires dans une vie antérieure. Pas un seul n'a échappé à cette situation.

Comment méditer sur ce sujet ? Pensez que tous les êtres dans les dix directions ont à un moment ou à un autre été votre parent. Ceci est affirmé dans les Ecritures bouddhiques. C'est également la nature des choses.

Le cycle des existences étant sans commencement il n'y a pas un seul être qui n'ait pris soin de nous. Tous, dans une vie antérieure, vous ont témoigné la même bonté que vos parents de cette vie. Ainsi, vous devez tous les reconnaître comme vos propres mères. Quel que soit celui qui se trouve devant vous, rappelez-vous qu'il fut votre mère et, à ce titre, tout aussi aimant que votre mère présente. Si quelqu'un agit en ennemi à votre égard réfléchissez comme suit : "Cette personne fut mon soutien dans une vie antérieure; je ne répondrai pas par la colère et l'agression, mais la reconnaîtrai plutôt comme ma propre mère".

Ainsi, la première étape de la méditation est **la reconnaissance de tous les êtres comme votre mère.** En second lieu, prenez conscience de **leur bonté.** Ceci signifie qu'à la vision d'une autre personne et, bien que ne sachant pas à quel moment exact elle fut votre mère, vous penserez : "Autrefois, cette personne fut aussi bienveillante pour moi que mes propres parents de cette existence." Et si elle s'irrite contre vous : "Je ne répondrai pas à sa colère; elle fut très bonne pour moi dans le passé." C'est de cette façon que vous devriez être attentif à la bonté des êtres.

La troisième étape consiste à vouloir **payer de retour les êtres pour leur mansuétude.** Vous avez pris conscience de leur grande bonté en ce qu'initialement votre corps fut formé en leur matrice, lors de votre naissance chacun prit soin de vous, et ceci jusqu'à la fin de vos études. Leurs prévenances doivent être considérées comme un prêt échu, et si vous ne le remboursiez pas vous subiriez de grands désagréments. Ainsi, le troisième stade est la pensée : "Je leur rendrai leur bonté".

La quatrième étape est **l'amour bienveillant** au sens noble du terme. Bien que les êtres des enfers, esprits affamés, animaux, y compris les insectes, les oiseaux et les chats, les humains, etc. ne soient pas actuellement vos parents, ils vous ont tous témoigné infiniment de sollicitude dans le passé. Même si actuellement ce sont vos ennemis, ils furent autrefois vos amis et, à ce titre, ils vous sont tous également agréables; souhaitez-leur donc bonheur et confort ! En présence de ceux qui se conduisent en rivaux vous penserez : "Ils devraient posséder le bonheur. Que je reconnaisse, ou non, en eux ma famille, cela est égal. Tous méritent bonheur et confort."

Ceci est l'amour bienveillant. Cultivez-le ainsi : "Celui-ci me nuit présentement mais il fut mon père ou ma mère dans le passé; cet autre est amical mais fut mon adversaire dans le passé. Il n'y a aucune différence entre eux. Même si je suis réprimandé, je dois cultiver la patience; je ne peux répondre sur le même ton agressif. Je ne dois pas me battre."

Si vous ne cultivez pas la patience dès que des paroles blessantes vous seront adressées, dès que vous serez bousculé vous aurez tendance à vous quereller. Lorsque notre état d'esprit empire, si nous ne prenons pas en considération l'activité spirituelle consistant à vaincre l'aversion et l'attachement, nous serons longtemps sous l'emprise de la colère, destructrice des racines de bien accumulées. Ainsi, il est grave de ne pas s'exercer à la patience.

Jadis, en Inde orientale, un pratiquant demanda des préceptes à son guru qui lui conseilla de méditer l'amour bienveillant et la patience. Il s'y exerça mais un jour, alors qu'il avait quitté sa méditation, quelqu'un l'apostropha rudement. Il répliqua vivement et le frappa. Des témoins le critiquèrent, affirmant que ce n'était pas un vrai pratiquant, qu'il ne travaillait pas sérieusement et cédait à la colère. Ils ajoutèrent : "Ta tentative de patience est insuffisante". Il rit et annonça qu'il allait accomplir une méditation qui surpasserait tout ce qu'aucun d'entre eux serait en mesure de faire, puis s'enferma dans sa cellule. Un ami, croyant l'avoir choqué par ses critiques sur la qualité de son entraînement, pensa que son étude était maintenant sérieuse et qu'il devait mettre à l'épreuve ses capacités de patience. Pour ce faire il remplit une assiette d'excréments et la porta chez le méditant. Il demanda "Que fais-tu ?" "Je cultive la patience, je cultive la patience" répondit l'autre. "Quelle forme cultives-tu ?" "Je m'exerce en une patience telle que l'on peut me dire ou me faire n'importe quoi, je ne répondrai pas !" Son ami dit alors : "Puisque *tu* as développé une telle patience et ne réponds plus, alors dégustes ce plat !" Aussitôt, l'autre le saisit et le jeta à la face de son ami en criant : "Manges-le toi-même !" Le visiteur ramassa son plat, et conclut : "Tu ne cultives pas la patience." (puis il partit).

Le méditant, attristé, pensait : "Il est vrai que je ne pratique pas réellement la patience; mon ami, lui, ne s'est pas irrité; il n'a pas répondu à mes cris. Il a dû vouloir juger de mes progrès, et lorsque je lui ai lancé l'assiette il resta de marbre. Il a simplement testé mon niveau." Il se repentit et comprit son erreur. Il fit de grands efforts et, pour éviter de tels déboires, cultiva l'amour bienveillant, reconnaissant d'abord en tous les êtres sa propre mère puis se rappelant leur bonté, et enfin, souhaitant les payer de retour, et parvint au succès.

Lorsque vous sentirez la nécessité de rendre aux autres leur bonté, quelle que soit leur attitude à votre égard, tous sans exception vous apparaîtront aimants. Voilà ce qui est appelé l'amour bienveillant, un amour en lequel tous les êtres nous sont plaisants et agréables. Lorsqu'un tel amour est né (le champ) de **la compassion** s'ouvre.

Déployant envers tous les êtres de l'espace - hommes ou insectes, qu'importe ! - la même équanimité, un état libre de désir et de haine, vous considérez chacun également et souhaitez pour tous la libération de la souffrance. Ceci est la compassion. "Tous les êtres doivent être libres de souffrance." Telle est la pensée correspondante. Tant que vous ne considérez pas que tous les êtres sont identiques en leur aspiration au bonheur et en leur aversion du malheur, vous n'avez pas encore développé l'équanimité, l'affranchissement des entraves de l'aversion et de la haine, du désir et de l'attachement. Il vous sera alors très difficile de réaliser le grand amour et la grande compassion. Vous pourriez tout juste engendrer un peu de compassion et d'amour mais pas la grande compassion ni le grand amour. Pourquoi est-ce si difficile ?

Tout comme dans l'histoire de notre méditant qui, s'exerçant à la patience, se mit en colère dès que son ami l'invita à manger les excréments, si vous ne développez pas l'équanimité il vous sera impossible de réaliser l'amour et la compassion. Et vous irez même jusqu'à souhaiter la souffrance de ceux qui ne vous louent pas. Donc, pratiquez la compassion !

La sixième étape est **l'attitude exceptionnelle.** Quelle est-elle ? Ce n'est pas la simple aspiration d'amour qui consiste à désirer le bonheur de tous les êtres. Vous devez vous-même prendre en charge la production de leur bonheur; "Je les rendrai heureux." Cette pensée est l'attitude exceptionnelle d'amour. "Je ferai en sorte qu'ils soient tous libérés de la souffrance et de ses causes." Ceci est l'attitude exceptionnelle de compassion. Quand vous aurez développé complètement cette pensée en méditation : "Grâce à moi tous les êtres posséderont le bonheur et seront libres de peine" vous serez devenu un être de capacité supérieure. Vous prendrez volontairement sur vous-même la libération de tous les êtres de la souffrance et de ses causes et accepterez d'être celui par lequel ils possèderont le bonheur et ses causes. Ensuite, continuant à méditer avec une grande fermeté, vous parviendrez au raisonnement suivant : "Depuis les abîmes infernaux jusqu'au sommet de l'existence le nombre des êtres, comme l'espace, est infini, et bien que je souhaite les aider, j'en suis présentement incapable. Comment pourrais-je les délivrer de la douleur alors que je ne puis moi-même l'éviter ? Afin de parvenir à ce but il me faut accéder au rang de Bouddha, après quoi je les élèverai tous à cet état. Sans cette réalisation, je demeure sous l'emprise de l'affliction et ne peux les tirer hors de leurs tourments."

Réfléchissant ainsi vous produisez **l'aspiration altruiste à l'Eveil suprême** : "J'accèderai au rang de Bouddha parfaitement accompli afin de mener tous les êtres au bonheur et les libérer du malheur."

Lorsque cette pensée sera complètement formée et existera spontanément en votre continuum mental vous aurez développé bodhicitta, l'aspiration altruiste à l'Eveil. Vous serez parvenu au premier niveau du sentier d'accumulation du Grand Véhicule. Vous serez un Mahayaniste, un bodhisattva. Ainsi, l'aspiration à l'Illumination suprême pour le bien des êtres est la porte du Mahayana, exactement comme le refuge est la porte d'accès à une juste pratique du Bouddhisme. Afin de faire naître l'esprit altruiste d'Illumination les préceptes des six causes pour un effet sont enseignés : reconnaissance de tous les êtres comme sa mère; prise de conscience de leur bonté; volonté de leur rendre leur bonté; l'amour bienveillant; la compassion; l'attitude extraordinaire; et la véritable production d'une aspiration altruiste à l'Illumination suprême.

Je viens de vous exposer brièvement les préceptes des six causes pour un effet. Au cours de nos trois méditations précédentes nous avons travaillé progressivement sur les pensées suivantes : "Puissent tous les êtres obtenir le bonheur et ses causes. Puissent-ils être libérés de la souffrance et de ses causes. Puissent-ils ne jamais être séparés d'un bonheur sans souffrance". Le sujet de notre quatrième séance est : "Puissent tous les êtres demeurer dans un état d'équanimité libre de désir-attachement et d'aversion-haine. Puissent-ils ne jamais se quereller, prenant certains comme intimes et d'autres comme étrangers. Puissent-ils s'établir dans une considération sereine de chacun." C'est notre sujet du jour.

Par la seule culture de ce souhait les êtres ne parviendront pas au bonheur ni ne seront séparés de leurs souffrances. Toutefois, par ce moyen nous pourrons supprimer en notre propre continuum mental l'instinct du désir-attachement et de la haine-aversion.

La (simple) production de la pensée : "Puissent-ils tous posséder le bonheur et ses causes" ne les leur donnera pas mais, étant donné qu'ils furent tous extrêmement bons envers nous dans le passé, les bienfaits et les vertus provenant du remboursement de cette dette sont incommensurables.

De la même manière, bien que le simple souhait : "Puissent tous les êtres se libérer de la souffrance et de ses causes" ne les en délivrera pas, d'immenses bénéfices en résulteront à la fois pour soi-même et pour autrui car cette pensée améliore notre propre courant de conscience.

Les thèmes traités jusqu'à ce jour, l'amour, la compassion, la joie, et maintenant l'équanimité sont utiles de manière générale parce qu'ils constituent les causes consubstancielles à la réalisation de la Bouddhéité.

Maintenant, lors de votre contemplation cultivez la pensée : "Puissent tous les êtres, illustrés en cette vie par mes pères et mères, demeurer dans l'équanimité libres d'aversion et d'attachement, d'attirance et de répulsion. Puissent-ils cesser de s'attacher inconsidérément à leurs proches et à se quereller avec leurs ennemis, désirant les tuer, ou pire, le faisant. Puissent-ils demeurer en équanimité, considérant chacun également, aimant chacun impartialement."

Si cette méditation était mise en œuvre fortement, une paix mondiale exempte de toute guerre en résulterait! Et même dans le cas où votre action n'est pas accomplie très fermement et qu'aucun profit immédiat n'en découle, elle vous permettra néanmoins dans les existences futures de jouir d'un entourage agréable en lequel chacun vous aimera. Si vous prenez naissance en tant qu'humain ou animal on vous respectera, on ne s'emportera pas contre vous, on ne s'attachera pas inconsidérément à vous, vous ne susciterez aucune haine. On vous traitera d'égal à égal.

Prenez maintenant la posture adamantine comme expliqué antérieurement et si votre esprit est agité, comptez vos respirations jusqu'à vingt et une dans le but de stopper l'emprise des sens. Si vous n'en éprouvez pas le besoin commencez la méditation tout de suite. Prenez refuge : "Je prends refuge en le Lama. Je prends refuge en le Bouddha. Je prends refuge en la Doctrine. Je prends refuge en la Communauté Spirituelle." Puis : "Puissent tous les êtres demeurer dans l'équanimité libre de l'attachement et de l'antipathie, du désir et de la haine." Lorsque vous terminerez l'exercice, dédicacez les mérites pour tous les êtres, "Puissent les mérites accumulés par mon engagement présent être la cause pour que tous les êtres demeurent en équanimité."

Ceci était une brève explication. Si vous avez quelques questions je vous prie de les poser.

Q. - Lorsque l'on prend refuge en les Trois Joyaux, de quelle façon aident-ils ?

R. - Si votre requête est adressée en vue du bien de tous les êtres une aide spéciale est accordée. Comme votre motivation est altruiste la transmission de pouvoir se fait immédiatement. Au contraire, s'il ne s'agit que de votre bien personnel peu de secours est octroyé. Rien n'est semblable aux Trois Joyaux. Lorsque vous demandez une aide, ils connaissent votre requête. Comment cela ? Parmi eux, le Bouddha et la Communauté Spirituelle sont uniquement concernés par le bien des êtres dans toutes les régions de l'espace. Et lorsque quelqu'un les sollicite ils s'en réjouissent et accordent immédiatement leur aide.

Q. - Devons-nous méditer aujourd'hui sur les préceptes des six causes pour un effet ?

R. - Si vous êtes capable dès maintenant de développer ces préceptes c'est une très bonne chose. Votre intention de vouloir le faire est excellente. Cependant, la séance du jour concerne l'équanimité. Nous cultivons l'équanimité afin d'acquérir la capacité de réaliser ces six causes pour un effet. L'entrée dans le Mahayana dépend de l'esprit altruiste, et les moyens utilisés pour cela sont les six causes pour un effet. Ces préceptes ont été transmis par le Bouddha Sakyamuni au Protecteur Maitreya à travers Asanga et jusqu'à nous aujourd'hui.

Il existe un autre système appelé "Echange de soi pour autrui" qui fut transmis également par le Bouddha Sakyamuni à Manjughosha et, à travers les âges, parvint jusqu'à nous.

Même si vous n'expérimentez pas cette méthode en concentration mais que vous y pensiez simplement, les bienfaits en seront incomparables. Vous comprendrez mieux ceci dans le futur.

V. LE CYCLE DES EXISTENCES

Je vais vous exposer les raisons de l'appellation "voie" des différentes pratiques du système bouddhique. Qu'est-ce qu'une voie ? En nous incitant à rejeter ce qui est à rejeter et à adopter ce qui doit l'être ces pratiques nous mènent par étapes jusqu'au rang d'un Bouddha ou d'un Destructeur de l'ennemi. Donc, comme un chemin qui est le lieu même du voyage, ces conduites sont appelées voies.

Différents types de voies mènent à la Bouddhéité ou à l'état de Destructeur de l'ennemi, celles des Auditeurs, des Réalisateurs solitaires et des Bodhisattvas. Les meilleures parmi toutes sont les trois principales, à savoir : l'intention de quitter définitivement le cycle des existences, l'aspiration à l'Illumination suprême pour le bien de tous les êtres, et la juste vue de la vacuité.

L'intention de quitter le cycle des existences est la voie consistant en la pensée, pour soi-même ou pour soi-même et tous les autres, de la libération définitive de l'esclavage. Que signifie quitter le cycle ? Le cycle est l'état en lequel les êtres, mus par la force des actions contaminées et des perturbations, assument des agrégats physiques et mentaux également contaminés et, une fois ces agrégats endossés, naissent, vieillissent, sont sujets à la maladie et meurent, étape par étape, dans les six types de migrations possibles.

Pourquoi errons-nous en ce cycle ? Les causes en sont les actions contaminées et les distorsions de l'esprit. Ces distorsions sont les six perturbations principales et les vingt secondaires. Parmi elles le désir, la haine et l'aversion sont les facteurs fondamentaux. Ce sont les trois poisons de l'esprit. Mis à part les Auditeurs, les Réalisateurs solitaires et les Bodhisattvas Supérieurs, aucun d'entre nous n'accumule des actions sous d'autres pulsions que celles de la haine, du désir et de l'ignorance. Nous-même et tous les êtres ordinaires sommes involontairement engagés dans des actions motivées par ces trois poisons.

Sous l'influence du désir nous accumulons diverses actions pour la recherche de la nourriture, de la boisson et de possessions. Par exemple, la fascination exercée par un objet pourrait nous amener à le voler, à commettre une action prohibée ou, poussé par différentes formes de désirs, à nous engager dans la luxure. Par haine, nous nous battons, nous tuons et perdons notre réputation. Obscurcis par l'ignorance, méconnaissant qu'elle nous entraîne à des actes nuisibles, par faiblesse, nous accumulons des actions négatives. Sous l'emprise de ces trois poisons et autres facteurs perturbateurs, par conditionnement, involontairement depuis des éons sans commencement, nous commettons sans cesse de telles activités. L'accumulation d'un grand nombre d'erreurs entraîne une renaissance dans les enfers; celle moyenne, en tant qu'esprit affamé; et une faible en tant qu'animal. C'est ainsi que ces trois degrés d'erreur donnent lieu à des existences ultérieures infortunées. Par contre, si nous amassons des actions positives, nous renaîtrons en tant que dieu, dieu jaloux ou humain.

En ce qui concerne les renaissances infernales consécutives aux actes nuisibles graves, il existe huit enfers chauds, huit enfers froids, des enfers moindres et des enfers avoisinants. Je ne vous donnerai, comme exemple, que le premier des huit enfers chauds appelé "reviviscence".

Lorsque sous l'emprise de nos actions antérieures nous renaissons dans cet enfer, nous nous trouvons immédiatement armés et involontairement en train de nous battre. Chaque habitant blesse et larde son adversaire jusqu'à ce que tous deux tombent inconscients. Alors, une voix provenant des cieux dit : "Ressuscite !" Nous reprenons vie sur l'instant et nous retrouvons dans le même corps déjà assumé. En effet, dans ces enfers, quel que soit le degré de mutilation, on ne meurt pas tant que la durée de vie impartie n'est pas épuisée. Nous nous relevons, guéri, nous précipitons sur l'adversaire et combattons cent mille fois, chacun taillant l'autre en pièces, puis nous perdons conscience, ressuscitons, et ainsi de suite. Jusqu'à épuisement de la durée de vie il n'existe aucune possibilité de plaisir, de réconfort, ni de solitude. Il n'y a pas même une heure de répit !

Lorsque nous reprenons vie dans les enfers, même si nous ne disposons pas généralement de clairvoyances, nous conservons le souvenir de notre vie antérieure. Dès notre naissance nous sommes conscient d'avoir joui du statut de dieu ou d'être humain dans notre vie précédente, et d'avoir accumulé certaines mauvaises actions spécifiques pour lesquelles nous devons souffrir à présent. Cette clairvoyance ne provient pas du développement antérieur de la méditation stabilisatrice. C'est la force de nos actions qui nous fait connaître brièvement notre vie passée, comme si nous la contemplions de nos propres yeux, après quoi son souvenir s'estompe.

Ce même genre de pouvoir se produit également chez les six types de déités du domaine des plaisirs des sens -Lignée des Quatre Grands Rois, Ciel des Trente-trois, Sans Combat, Heureux, Emanation Plaisante, Emanation Contrôlant Celle des Autres. Ces six sortes de déités jouissent en général de toutes les ressources désirées d'une forme, d'un son, d'une odeur, d'un goût et d'un toucher agréables. A la différence des hommes et des animaux elles rencontrent toujours des situations confortables. Comme les êtres des enfers elles naissent spontanément sans passer par la matrice. Dès qu'introduit dans un enfer nous en subissons immédiatement la souffrance et, de la même façon, aussitôt né en tant que dieu nous jouissons des plaisirs. Ces divinités bénéficient d'une très grande longévité pendant laquelle elles profitent des prestiges de leur classe, et c'est seulement dans les sept jours précédant leur mort qu'elles prennent conscience de leur fin imminente. Le rayonnement de leur corps s'estompe, leurs guirlandes de fleurs se fanent et elles commencent à dégager une odeur nauséabonde. Les autres dieux, avertis de leur fin prochaine, cessent de leur offrir des fleurs et de les fréquenter. Elles endurent alors de terribles souffrances.

Durant cette dernière semaine, convaincu de notre mort et de notre prochaine renaissance comme esprit affamé, être des enfers ou animal, nous avons la vision très claire de notre futur lieu de naissance. La certitude que nous allons subir telle et telle forme de souffrance nous perturbe considérablement.

Les plus inférieurs des dieux de la sphère des plaisirs sensuels sont les Lignées des Quatre Grands Rois. Cinquante de nos années correspondent à un seul jour de leur monde, et ainsi leurs sept jours d'inconfort extrême constituent trois siècles et demi de notre chronologie. Trop occupés à jouir de leur bien-être, ces dieux ne révèlent, ni ne confessent, ni donc n'éliminent les mauvaises actions accumulées antérieurement, et à l'heure de l'agonie, sachant ce qu'ils auront à endurer pour leur inconduite passée, ils souffrent misérablement et sont mentalement choqués par la perspective des misères à venir. Comme on l'a dit plus haut (à propos des enfers), leur clairvoyance ne provient pas d'absorptions méditatives mais plutôt de la force des empreintes d'actions passées.

Considérons maintenant le deuxième type de migration inférieure, celui des esprits affamés. Ces esprits sont dénués de nourriture, de boissons et de biens. En une année ils ne disposent pas de la nourriture, de la boisson et des biens qu'un être humain, un dieu ou un animal utilise en un seul jour. Qui pourrait rester un mois ou pire, une année, sans manger ? En tant qu'être humain nous mourrons si nous manquons de nourriture, mais un esprit avide, par la force de ses actes antérieurs, ne meurt pas même s'il en est privé pendant des années. Dans cette situation nous expérimentons continuellement la grande souffrance d'une recherche vaine d'aliments et de liquide. Si nous souhaitons boire et approchons des rives d'un lac il se dessèche, se transforme en sable ou son eau se change en une saleté imbuvable.

Dans les Ecritures bouddhistes il est dit que lorsqu'un être humain pose un verre d'eau sur une table l'esprit affamé le voit comme du sang, du pus et autres substances répugnantes; ce même verre d'eau sera perçu comme du nectar par un dieu. Ces trois façons d'appréhender le même liquide proviennent de trois types d'actions. Disons encore que parmi les types d'esprit affamé l'un possède un œsophage bouché, noué, et un très long cou. Ils sont donc généralement incapables de subvenir à leurs besoins, et même s'ils viennent à découvrir quelque nourriture, ils ne peuvent l'absorber. Tels sont les tourments propres aux esprits avides.

Je viens de vous décrire brièvement les raisons pour lesquelles il est dit que les renaissances divines et humaines sont les meilleures dans le monde transitoire. Il existe six sortes de migrations dans le cycle des existences. Les naissances infernales, en tant qu'esprit affamé et comme animal sont dites infortunées, et les naissances humaines, en tant que demi-dieu ou dieu sont dites fortunées. Parfois les demi-dieux sont inclus soit dans le monde céleste soit dans le monde animal et l'on ne distingue alors que cinq types de migrations.

Les dieux et les humains jouissent des morphologies et des ressources les plus propices. Ces états sont appelés "statut élevé". En général, cette appellation recouvre deux possibilités : le statut élevé ultime est l'obtention du rang de Bouddha, du corps, des ressources, de l'environnement, et des compagnons propres à un Bouddha; le statut élevé au sein de l'existence cyclique implique un corps, des ressources, un environnement et des compagnons humains et divins.

Atteindre le statut supérieur d'un dieu ou d'un humain nécessite la pratique des dix actions vertueuses. C'est pour cette raison que le Bouddha a dit :

> "Afin de connaître vos actes passés examinez votre corps actuel, et pour savoir ce qu'il adviendra dans le futur, analysez votre état d'esprit présent".

C'est par les agissements passés méritoires que le statut, les ressources, l'environnement et les compagnons d'un dieu ou d'un être humain sont obtenus. Ainsi, ce que vous avez effectué antérieurement est visible dans votre corps, vos ressources, environnement et amis présents. Nous pouvons considérer tous ces éléments comme étant les fruits de notre accumulation d'actes positifs.

L'analyse de notre état d'esprit actuel permettra de déterminer notre expérience future; de même, il est possible de comprendre les différences existant entre les humains, différences dans la qualité de leur environnement, de leur nourriture, de leurs boissons, de leurs ressources, etc. Bien que dans le cycle les états humains et célestes soient intéressants et que nous y naissions en conséquence d'actions vertueuses, ils sont néanmoins soumis à la force des douze facteurs de la production interdépendante (9), et à la naissance, à la maladie, à la vieillesse et à la mort. En résumé, à défaut d'agir positivement nous ne renaîtrons pas comme dieux ou humains mais plutôt dans une des trois conditions défavorables. Tout comme l'a dit le Bouddha :

> "Examinez votre état d'esprit présent afin de déterminer ce qui adviendra dans le futur".

Efforçons-nous, car même si de temps à autre nos pensées sont opportunes le manque de vigilance entraînera ultérieurement une condition difficile.

Cette répétition de naissances, vieillissements, maladies et morts est appelée "cycle des existences". Et bien qu'on paraisse y trouver quelque bonheur, celui-ci se transforme peu à peu en souffrance. Aussi devrions-nous développer la ferme aspiration à quitter définitivement ce mouvement incessant et progresser vers un état de bonheur exempt de maux. Le désir de cette réalisation est appelé "aspiration à la libération". Il est facile de comprendre ce point en résumant ce qui est à rejeter dans les deux premières Nobles Vérités et ce qui est à adopter dans les deux dernières. Voyons cela.

La première des **Quatre Nobles Vérités** affirme la souffrance. Elle se réfère aux agrégats physiques et mentaux contaminés des six classes d'êtres. Les agrégats impurs découlent de la force des actions contaminées et des poisons de l'esprit. Sous leur influence, dès l'instant de notre naissance nous commençons à nous désintégrer moment après moment. Il nous est impossible de demeurer de façon permanente. Nous sommes impermanents ! Etant donné que nous ne demeurons pas intact d'un instant à l'autre et que nous nous désintégrons perpétuellement, la souffrance est misère. Impermanentes et porteuses de misères ces vraies souffrances (des agrégats contaminés) sont vides de tout soi permanent et ne se trouvent pas plus sous le contrôle d'un soi permanent. De plus, ces tourments sont dénués d'existence en eux-mêmes, en ce sens qu'ils n'ont pas d'existence substantielle ni ne sont auto-suffisants, ni ne sont contrôlés par une personne ayant un soi permanent. **La Vérité de la Souffrance** est qualifiée par quatre caractéristiques : l'impermanence, l'insatisfaction, la vacuité et le non-soi.

Cherchons à cerner la cause de ces incessantes prises de naissances, vieillesses, maladies et morts. Quelle est-elle ? C'est la deuxième Noble Vérité qui expose les véritables sources de la souffrance.

Les Sources de la Souffrance sont les trois poisons de l'esprit - le désir, la haine et l'ignorance - et les actions contaminées en découlant. Animés par ces poisons des actions sont accomplies. Donc, toutes les peines sont issues des perturbations.

Sans abandonner ses causes originelles il est impossible d'éviter la souffrance. Reconnaissons ces perturbations comme des erreurs communes à tous les êtres dans les dix directions de l'espace. Toute douleur en découle. Les causes de la souffrance, ses véritables sources, doivent être abandonnées.

Pour cela nous devons faire naître la sagesse qui réalise la vacuité, la méthode permettant l'abandon des facteurs perturbateurs. Cette sagesse une fois atteinte puis parfaitement cultivée en méditation conduit à la libération. En conséquence, si notre souhait de quitter l'existence cyclique est irréversible, nous devons déraciner le désir, la haine et l'ignorance et atteindre la **Vérité de la Cessation** de telle sorte que ces poisons jamais ne réapparaissent.

La réalisation de la Vérité de la Cessation dépend de la culture de la **Vérité de la Voie,** la dernière des Quatre Nobles Vérités, constituée par les sentiers de Vision et de Méditation.

En résumé, l'essence même de l'aspiration à quitter définitivement le cycle des existences consiste en l'abandon des Vérités de la Souffrance et de son Origine et en l'adoption des Vérités de la Cessation et de la Voie.

Si vous limitez votre souhait à ces simples paroles : "Puissé-je me libérer du cycle des existences !", ceci vous aidera bien un peu à expérimenter vos objectifs personnels mais ne vous permettra pas de passer au-delà de la voie d'un individu de moyenne capacité. Il vous faut donc engendrer l'aspiration afin que vous-même, et tous les êtres, quittiez le cycle. Ceci est la voie d'un être de capacité supérieure, une voie pure et complète. Afin de produire une telle pensée pure et complète, sachez que les Vérités de la Souffrance et de son Origine doivent être abandonnées et les Vérités de la Cessation et de la Voie réalisées. Lorsque, par la suite, vous pratiquerez vraiment les véritables voies et réaliserez les véritables cessations (10) vous serez réellement libérés.

L'aspiration à vouloir quitter la ronde des naissances et morts signifie la recherche de la libération graduelle des actions contaminées et des poisons de l'esprit sous l'influence desquels vous êtes contraint de naître, vieillir, mourir et subir la maladie, que ce soit dans les trois conditions infortunées ou dans les trois conditions fortunées.

Même si une compréhension détaillée n'est pas encore formée, le simple fait d'entendre une seule fois un exposé de la voie établit des prédispositions pour emprunter le chemin de la libération. Quelle est la valeur de cette adéquation ?

Selon le système des Cittamatra (11) des empreintes sont déposées sur l'esprit base de tout (alayavijnana) et, plus tard, lorsque les circonstances appropriées sont rencontrées, elles fournissent la substance nécessaire au développement des étapes de la voie.

D'après le système des Svatantrika-Madhyamika (12) la personne est une conscience mentale subtile voyageant de vie en vie dans l'existence cyclique depuis un temps sans commencement jusqu'à ce jour. Les prédispositions qui sont les graines pour se libérer de l'esclavage sont semées sur cette conscience mentale subtile. Entendre parler du renoncement définitif au monde sème ces graines.

De même, dans le système Prasangika-Madhyamika (13) ces potentialités sont placées sur le "simple je" seulement désigné par la pensée et qui passe d'une existence à une autre. Puis, dans cette vie ou une suivante lorsque nous entendons ou réfléchissons à cette doctrine ces potentialités sont activées et permettent la production rapide des voies de libération.

Laissez moi vous donner un court exemple d'une telle potentialité. Un homme désirant être moine se présenta devant le Bouddha. Celui-ci demanda l'avis des Auditeurs; ils répondirent que cet homme ne pouvait se prévaloir d'aucun mérite pour être ordonné. L'homme, désespéré, partit se jeter dans la rivière. Le Maître le rappela et dit : "Vous, Auditeurs, avez déclaré que cette personne n'avait pas assez de mérite pour prendre la robe; cependant, dans une vie antérieure il prit naissance comme fourmi sur un excrément d'éléphant dans un lac entourant le reliquaire d'un Bouddha passé. Il a le mérite d'avoir fait le tour du reliquaire." Ceci est définitivement confirmé par la Parole du Bouddha, et prouve (analogiquement) que des prédispositions peuvent être établies par une simple audition de la Doctrine.

Echapper à la douleur, tel est notre sujet du jour. Conduisez-le de la façon suivante : "J'aspire à quitter le cycle des existences. Cette ronde incessante des naissances, vieillesses, maladies et morts est néfaste. Je me libèrerai de la misère. J'atteindrai la paix de l'extinction et, ayant réalisé mes propres objectifs, je ferai en sorte que tous les êtres dans les dix directions abandonnent également la souffrance. Lorsque je serai libéré j'élèverai tous les êtres à l'état de Bouddha."

Asseyez-vous dans la posture de méditation telle qu'elle vous fut expliquée auparavant et, si votre esprit est déjà apaisé, commencez directement la séance. Sinon, comptez vingt et une respirations. Prenez conscience de la nécessité de vaincre les causes qui vous obligent à errer dans les six mondes. Ces causes sont les poisons du désir, de la haine et de l'ignorance.

Il y aurait beaucoup à dire à propos du renoncement à l'existence cyclique, et aujourd'hui je n'ai fait que vous exposer brièvement la motivation consistant en l'aspiration à l'Illumination suprême pour le bien de tous les êtres. Vous devriez cultiver cette pensée jusqu'à ce que, pareil au prisonnier torturé et sur le point de mourir qui cherche à échapper à sa terrifiante situation, vous preniez la décision de vous libérer complètement, d'obtenir la paix de la cessation, et d'abandonner les perturbations qui provoquent la répétition de naissances, vieillesses, maladies et morts dans les six mondes.

Comme hier, au début de la méditation, prenez refuge et à la fin dédiez vos mérites. Le refuge est la porte d'entrée à la Doctrine bouddhiste. Lorsque vous prenez refuge vous demandez l'aide des Trois Joyaux. Et la production d'une aspiration altruiste à l'Eveil ultime est la porte d'entrée du Mahayana.

VI. L'ESPRIT D'EVEIL

Les meilleures méditations sont celles ayant pour objet les trois voies menant à l'Illumination suprême. Elles sont dites principales parce qu'il n'en existe pas de supérieures pour la libération de soi-même et de tous les êtres, et pour l'union de soi-même et d'autrui au bonheur véritable.

Les trois voies sont le renoncement définitif à l'existence cyclique, l'aspiration altruiste à l'Eveil le plus haut pour le bien des êtres et la juste vue de la vacuité.

Le renoncement est nécessaire pour qui veut goûter le bonheur de l'extinction de la souffrance. Lors de notre dernier entretien je vous ai expliqué que les actions contaminées et les perturbations de l'esprit sont les causes de la souffrance, et que ces perturbations du désir, de la haine et de l'ignorance, créatrices d'activités polluées sont à abandonner. Pourtant, lorsque la culture de la pensée de renoncement n'est pas conjointe à une aspiration altruiste à l'Eveil, nous n'obtiendrons que la seule libération de la souffrance, et non la plus merveilleuse et plus sublime des réalisations : la Bouddhéité. Par contre, si la pensée d'abnégation est associée à une aspiration à l'Eveil parfait pour le bien de tous les êtres le rang d'un Bouddha sera atteint. C'est une certitude.

Si vous méditez sur la vacuité sans posséder un tel élan vous vous libèrerez des tourments mais ne pourrez atteindre le rang d'un Bouddha. C'est pourquoi l'aspiration, appelée "esprit d'éveil" est d'une importance extrême.

Si vous êtes capable de cultiver les trois aspects de la voie, le renoncement, l'esprit d'éveil et la juste vue de la vacuité, aucune méditation ne surpassera celle-ci. En général, il existe de nombreux systèmes de concentration, il est certain que chacun d'eux produit des résultats spécifiques. En dépendances de leurs techniques méditatives les Samkhya (14) et les autres méditants non-bouddhistes réalisent l'état de dieu, atteignent le bonheur en cette vie et une renaissance dans le domaine du Sans-Forme, vivant ainsi dans la félicité pendant des milliers d'éons. Il est certain que toutes les doctrines exceptée celle des nihilistes, détiennent de telles techniques. En quoi le Bouddhisme est-il différent ? Bien que les non-bouddhistes jouissent du bonheur durant des périodes cosmiques entières, comme ils n'ont pas renoncé au cycle des existences, les causes de telles félicités une fois épuisées ils chutent de nouveau. Les bienfaits de leurs méditations sont inconcevables mais ils ne peuvent accéder à la libération.

Au sein de la philosophie bouddhiste ceux qui suivent le Véhicule des Auditeurs ou des Réalisateurs solitaires cultivent les voies d'un être de petite et de moyenne motivation et parviennent ainsi à la libération; toutefois, n'ayant pas développé l'esprit d'Eveil ils ne peuvent atteindre le rang d'un Bouddha. La pensée de quitter l'existence cyclique accompagnée de la vue de la vacuité assure la libération de la souffrance et, lorsque ces deux voies sont associées à l'aspiration altruiste, la Bouddhéité est obtenue. En s'engageant dans ces trois voies, aucun adepte ne peut se trouver exclu de cette réalisation.

En vous appliquant avec force à ces voies vous pourrez rapidement atteindre l'état de Bouddha, et même si vous ne pouvez le faire, par un peu de recueillement des prédispositions seront établies en cette vie. De cette manière, lorsque vous méditerez dans votre prochaine existence, à l'instar du yogi tibétain Milarepa, vous progresserez très rapidement.

Je vous exposerai aujourd'hui brièvement l'esprit altruiste d'Eveil devant être cultivé en union avec le renoncement au monde de la souffrance.

Nous avons parlé plus haut de ses deux méthodes de développement : celles des **six causes pour un effet,** transmise par le Bouddha à Maitreya qui la communiqua à Asanga, et de **l'échange de soi pour autrui,** transmise par le Bouddha à Manjushri qui l'enseigna à Nagarjuna. Dans cette seconde méthode il s'agit de gagner un esprit équanime puis d'échanger soi-même pour autrui. Premièrement, en considérant vous-même et vos semblables comme égaux, vous cessez de vous chérir et de maltraiter les autres. Echangez ensuite votre auto-attachement pour l'amour des autres et appliquez à vous-même la désaffection et la distance avec laquelle vous les traitiez.

Bien que ces deux approches existent leur résultat demeure toujours ce même esprit d'Illumination. En général, on distingue deux sortes d'esprit d'Eveil : conventionnel et ultime. L'esprit conventionnel se divise à son tour en celui d'aspiration et en celui d'engagement.

L'aspect d'aspiration se réfère à l'échange de soi pour autrui ou aux six causes pour un effet, au développement par ces moyens du souhait d'obtenir le rang d'un Bouddha afin d'aider tous les êtres.

L'aspect d'engagement survient lorsque, après l'engendrement de l'aspiration altruiste à la Bouddhéité vous vous engagez alors dans les quatre moyens de réunir des disciples et dans la pratique des six perfections, entreprenant ainsi l'accumulation des collections de mérite et de sagesse.

Le véritable esprit d'Eveil d'aspiration commence dès le sentier d'accumulation et continue (à se développer) jusqu'à l'obtention de la Bouddhéité. Celui d'engagement l'accompagne. L'aspect d'aspiration à vingt et une formes appelées "semblable à la terre", "semblable à l'or", etc, appellations désignant différents stades de qualité et de force jalonnant notre progression. Cependant, tous ces degrés recouvrent le seul esprit d'Eveil conventionnel et rien d'autre.

L'esprit d'Eveil ultime est une sagesse dans l'absorption méditative connaissant directement la vacuité au moment de l'obtention du sentier de Vision du Mahayana.

Aujourd'hui, parmi les différents types d'aspirations à l'omniscience, je parlerai des aspects conventionnels et, concernant ces derniers, je vous expliquerai la méthode de production en méditation de cet esprit d'Eveil selon les six causes pour un effet. Les six étapes liminaires à cet état d'esprit sont précédées de la culture de l'équanimité, car pour nous il existe trois catégories d'individus : ceux que nous aimons, ceux que nous détestons comme s'ils étaient nos ennemis, et enfin, ceux qui ne nous ont ni aidé ni nui en cette vie, les animaux, les insectes et certains humains.

Nous devons préalablement cultiver un état d'équanimité car si nous passions directement aux premiers points de la méditation : tenter de reconnaître nos mères en tous les êtres et prendre conscience de leur bonté, il nous serait impossible de reconnaître en un ennemi notre mère passée. De plus, si vous appliquez ces deux points à vos amis, vous ne parviendrez pas plus à les considérer comme vos mères antérieures, mais développerez plutôt l'attachement envers eux, et votre pratique ne sera pas une réussite ! Donc, choisissez d'abord une personne qui vous est indifférente, ni un ennemi, ni votre père ou mère, ni un parent, ni un ami, et réfléchissez de la façon suivante : "Actuellement, elle ne m'aime ni ne me déteste, mais dans une vie antérieure elle était ma mère et, tout comme ma mère de cette vie, elle m'a aidé et m'a témoigné infiniment de bonté. Bien que présentement elle ne m'aime ni ne me déteste, je dois me souvenir de sa mansuétude passée."

Autrefois, cette personne s'est également irritée contre vous et fut votre adversaire, mais c'est de sa bienveillance en tant que mère dont vous devez vous souvenir maintenant. Ne la rejetez pas et considérez-la comme l'égale de vos parents de cette vie. Imaginez-la devant vous et pensez : "Elle aspire au bonheur et veut éviter la souffrance, mais à travers la répétition des existences, me considérant parfois comme un intime, elle m'a aidé et, me considérant parfois comme un ennemi, elle m'a nuit. Comme il serait souhaitable qu'elle et moi soyons libérés du désir et de la haine, de l'attachement et de la répulsion, et puissions demeurer dans un état d'équanimité l'un envers l'autre ! Puissent les Lama et les divinités de méditation m'octroyer la force d'accomplir cela !"

Pourquoi adressons-nous cette requête aux Lama et aux déités ? Lorsque, à l'âge de quatre-vingt-un ans, le Bouddha s'apprêta à quitter le monde après qu'il eut dispensé les 84 000 groupes de pratiques, à la demande de Manjushri et de Vajrapani il déclara (comme on l'explique plus haut à l'occasion de la confiance à accorder au maître) qu'il s'incarnerait dans la forme des maîtres. Ainsi, de nos jours, quand le Dalaï Lama ou un autre grand maître expose la Doctrine, bien qu'il ne soit pas l'enseignant Sakyamuni, grâce au pouvoir des bénédictions du Bouddha il peut agir comme tel. Profiter de son enseignement revient à recevoir celui du Bouddha lui-même. C'est pourquoi nous formulons cette prière : "Puissions-nous réaliser l'équanimité libre de désir et de haine, d'attachement et de répulsion !" en demandant aux Lama et aux divinités de méditation de nous transmettre à cette fin leur pouvoir.

La deuxième étape est de visualiser devant vous un être qui vous est agréable et de penser : "Cet être m'est présentement agréable mais dans le passé il fut mon rival, aussi devrais-je le considérer comme égal à celui qui m'est indifférent. A présent, sous l'influence du désir, je recherche sa compagnie, mais il n'existe en fait aucune différence entre lui et une personne m'étant indifférente envers laquelle je n'éprouve ni désir ni haine."

Ensuite, imaginez devant vous un ennemi et pensez : "Si je ne l'aime pas aujourd'hui c'est qu'il m'a nui. Mais, tout comme les autres êtres, il fut mon parent dans le passé et me traita avec amour. Mes intimes, qui agissent envers moi avec bienveillance, me nuirent également. Ainsi, tous ces êtres sont égaux."

Après avoir longtemps approfondi cette méthode la rencontre d'un ennemi ne vous apparaîtra pas différente de celle d'un ami, et vous penserez : "Bien qu'aujourd'hui il me soit nuisible, dans le passé il fut mon allié." Et lorsque vous verrez un proche : "Hormis le fait qu'aujourd'hui nous recherchons réciproquement notre compagnie, il fut jadis mon ennemi." De même, en présence de vos propres parents : "Dans cette vie ils me traitent bien, mais autrefois ils furent mes rivaux et ainsi ne diffèrent en rien des autres catégories." Cette attitude est appelée équanimité et ne permet à aucune circonstance présente de servir de cause, soit au désir soit à la haine, et ceci à l'égard de tout être où qu'il se trouve.

Cette attitude vous rendra capable de reconnaître en tous les êtres votre plus proche parent : votre mère. Vous vous rendrez compte que votre ennemi présent fut autrefois le meilleur de vos amis et, réciproquement, que le meilleur de vos amis présents a été votre pire ennemi, et enfin que ceux que vous considérez aujourd'hui avec indifférence se trouvèrent dans l'une et l'autre situation. "Ainsi, il n'existe pas la moindre différence entre eux, et lorsque chacun d'eux était ma mère il me témoigna une extrême bonté."

Persévérez dans vos efforts jusqu'à ce que vous arriviez à la conclusion que tous les êtres, en commençant par les insectes, ont été vos mères passées. Aucun d'entre eux, à un moment ou à un autre, ne s'est pas trouvé dans cette situation.

En tentant de parvenir à une telle conclusion sans avoir préparé le terrain par l'établissement de l'équanimité vous n'auriez point réussi. A la vision d'un ennemi la colère serait apparue, à celle d'un ami intime le désir se serait élevé, et en présence d'un étranger, animal ou insecte, vous n'auriez rien pensé du tout ! Par exemple, la maladie ou la mort d'un ami nous attriste, celle d'un ennemi nous réjouit et parfois même nous lui souhaitons encore plus de souffrances, tandis que devant celles d'un étranger notre réaction est un simple "Bof !", nous n'y prêtons aucune attention. Aux antipodes de cette attitude, vous devriez considérer tous les êtres comme égaux.

Quels qu'ils soient, en cette vie ou en une autre, ils ont tous été vos parents. La prise de conscience de l'égalité de chaque être est appelée "reconnaissance des mères". C'est la première étape de l'instruction des six causes pour un effet en vue du développement de l'esprit d'Eveil. A ce point, cette première cause est née en votre continuum mental. Elle produira un effet qui est le deuxième stade : prendre conscience de leur bonté. Nous en parlerons ultérieurement.

Lorsque vous vous appliquez à la concentration, demandez l'aide des Trois Joyaux afin d'être capable de comprendre que tous les êtres sont vos parents de cette vie ou l'ont été dans une autre. Ceci étant l'entrée pour la production de l'esprit d'Eveil, ses résultats, quoique immatériels, sont incommensurables, et un continent entier ne pourrait les contenir. Plus tard, ayant acquis quelque expérience, vous comprendrez les bienfaits immenses de cette méditation.

Je vous remercie. Si vous avez des questions, je vous en prie, posez-les.

Q. - Lorsque l'on visualise un être vivant est-il préférable de l'imaginer sous une forme humaine ou animale ?

R. - Il est bon de visualiser un être humain, mais un animal, une vache par exemple, peut aussi faire l'affaire. Dans les textes il est dit d'imaginer un être vivant. Il n'est point spécifié qu'il doive s'agir d'un humain, d'une vache, d'un habitant des enfers ou d'un esprit avide.

Q. - Si nos propres parents ont été mauvais, pourrions-nous leur substituer un ami qui nous a aidé ?

R. - Vos parents ont été *extrêmement bons*. Ils se sont accouplés et vous avez pris naissance dans la matrice de votre mère. Durant neufs mois et quelques jours votre corps s'est formé en elle. Vous êtes venu au monde par sa matrice; vous n'étiez à ce moment guère plus qu'un insecte et si elle n'avait pas pris soin de vous vous ne sauriez même pas vous exprimer. Au Tibet nous avons connu le cas d'enfants abandonnés. Le père et les frères aînés devaient travailler (et ne pouvaient s'occuper d'eux); une fois devenus adultes les enfants durent mendier. Ils ne pouvaient émettre que des grognements... Depuis le moment de la conception jusqu'à la fin de la scolarité les parents vous fournissent une aide exceptionnelle. Sur la base de cette aide il vous est possible de devenir professeur voire même président. Voici le genre de bonté dont ils ont fait preuve en prenant soin de vous jusqu'à votre majorité. Si nos parents ne nous avaient pas manifesté ce dévouement nos vies seraient gâchées.

VII. LA BONTE DE NOS MERES

Parmi les trois voies principales menant à l'Illumination suprême nous traitons actuellement de l'esprit d'Eveil altruiste. La dernière fois je vous ai présenté la première étape des six causes pour un effet, la reconnaissance de tous les êtres comme nos mères. Aujourd'hui, nous parlerons de la seconde : prendre conscience de leur bonté.

De quelle bonté prenons-nous conscience ? De même que nos parents présents nous ont témoigné de l'amour, tous les êtres - même si dans cette vie ils ne s'occupent pas de nous - ont agi pareillement dans des existences passées. Méditez cela en commençant par vos parents bienveillants en cette vie, puis portez votre attention sur les êtres indifférents - ni profitables ni malveillants -et enfin sur les ennemis.

L'essence de cette méditation est d'avoir présent à l'esprit que ceux qui apparaissent sous les traits d'ennemis, d'étrangers ou d'amis sont tous aussi aimants que nos parents actuels.

Comment définir la bonté de notre mère ? Tout d'abord nous entrons dans la matrice de la mère pendant que nos parents s'accouplent. Nous y demeurons la première semaine ignorant de toute chose, l'esprit ayant pénétré cette substance gélatineuse formée du sperme du père et du sang de la mère. Au cours de la deuxième semaine le fœtus se raffermit un peu; ne ressemblant ni à l'eau ni au sang, il a l'apparence du yaourt. La troisième semaine il s'arrondit et, les semaines suivantes, des protubérances apparaissent qui deviendront les membres, tête, bras et jambes. Ensuite, semaine après semaine nous nous développons graduellement. Durant toute cette période, à l'intérieur de la matrice de notre mère, nous demeurons inconscient de l'inconfort physique et mental qu'elle endure.

Après neuf mois environ, nous prenons naissance. L'accouchement lui est extrêmement pénible. Nous-mêmes, avant la naissance et au moment de la venue au monde, subissons un inconfort indescriptible causé par les mouvements de la femme enceinte lorsqu'elle s'étend, mange et ainsi de suite... Malgré tout cela, elle considère l'enfant porté comme plus important que son propre corps. En pensant : "Cela fera mal à mon enfant", elle fait effort pour ne pas le déranger et mange, dort et se déplace avec précaution. En plus de ses propres souffrances, elle ne se sent jamais à l'aise.

Au moment de la renaissance, nous nous retournons dans la matrice et commençons notre progression pour sortir, causant de telles douleurs à la mère qu'elle en défaille presque. Notre venue au monde déchire son vagin. Puis, le cordon ombilical liant la matrice de la mère et le nombril de l'enfant doit être coupé. Les organes de la mère ont été endommagés, son corps blessé, elle a enduré de multiples souffrances, mais, malgré cela, elle ne nous rejette pas comme on le ferait d'impuretés; elle nous chérit et prend grand soin de nous. Elle montre plus d'amour encore pour son enfant que pour elle-même. Sa bonté est vraiment étonnante.

Considérez ses attentions merveilleuses, sa manière de nous porter, de nous être agréable, de nous tenir contre son corps et de nous allaiter. Vous lui fûtes plus cher qu'elle-même et le seul moyen de vous rendre compte de ce qu'elle accomplit pour votre bien durant vos premières années est d'observer une mère s'occupant de son enfant. A moins d'avoir un pouvoir de concentration exceptionnel vous serez incapable d'évoquer les multiples aspects de sa bienveillance. Sans formation, comment aurions-nous pu comprendre ce que notre mère souhaitait si elle nous avait demandé d'effectuer telle et telle action, car malgré notre forme humaine nous n'étions guère plus qu'un insecte. Elle nous apprit chaque mot, un à un, comment manger, dormir, nous habiller, comment uriner et déféquer. Si elle avait omis de nous expliquer tout ceci, et que nous soyons resté seul, nous serions toujours pareil à un ver. Avec le temps tout ceci vous apparaîtra clairement. Et lorsque les jeunes femmes de votre entourage accoucheront, vous saisirez la vérité de mes paroles. Non seulement les êtres humains sont pleins d'amour pour leurs fils et filles, mais nous pouvons observer de nos propres yeux qu'une chatte qui a mis bas endurera de multiples désagréments pour protéger ses chatons jusqu'à ce qu'ils acquièrent leur indépendance.

Nombreux sont les aspects qui témoignent de la bonté d'une mère, et je n'ai fait qu'en mentionner quelques-uns. Pareils à notre mère présente qui a fait preuve d'une si grande tendresse à notre égard, ceux qui paraissent être nos ennemis furent notre mère aimante dans le passé. Evitez la colère en pensant : "Celui-ci est mon ennemi" car non seulement il fut votre mère dans une vie antérieure mais il le sera encore dans le futur. Si nous devions nous irriter chaque fois que nous pensons voir en quelqu'un un adversaire, étant donné que notre présente mère fut notre ennemi passé et le sera encore dans le futur, nous devrions la haïr ! C'est ainsi qu'il faut raisonner.

Considérez maintenant un être indifférent qui ne vous aime pas comme vos parents présents, ni ne vous témoigne de l'inimitié, comme dans le cas d'un rival déclaré... quelqu'un de neutre comme une vache.

Ne pensez pas qu'il ne vous a jamais aidé, car dans une vie antérieure il vous protègera avec l'amour d'une mère. C'est dans cet esprit que vous penserez : "Bien qu'Untel me soit indifférent aujourd'hui, il fut ma mère et le sera à nouveau; il me soutint et me soutiendra encore."

Ne développez pas d'attachement inconsidéré pour quelqu'un en ne voyant que ses qualités. Cette personne a été votre ennemi et le sera encore. Considérez chacun avec sérénité. Si vous ne regardez pas tous ces êtres sous le même angle, reconnaissant la bonté dont ils ont fait preuve, vous vous trouverez dans la situation de caresser et d'embrasser votre ennemi, de manger la chair de votre père et de lancer une pierre à la tête de votre mère, comme dans l'histoire que je vous ai contée.

Nos ennemis d'aujourd'hui furent jadis nos parents, mais peut-être aussi nos ennemis. Ne vous attachez pas trop à certains, mari ou femme, ami ou familier. Considérez également la mansuétude de chaque être au cours du long déroulement des existences. Ne cédez pas à la colère devant le moindre désagrément. Pensez à la bienveillance de tous. Il serait erroné de rejeter ou de répondre durement à vos parents ou à un ami qui vous ont rendu de grands services et agissent de manière inconsidérée envers vous, allant même jusqu'à vous frapper. Penser "Il m'a frappé" et laisser s'extérioriser l'irritation est tout à fait inconvenant. Ne pas rendre la grande bonté octroyée par les autres serait égal à faire un emprunt dont on profiterait pour acquérir nourritures, boissons, biens divers et qu'on ne rembourserait pas. La force d'une telle action entraîne la souffrance future. Donc, écartez la haine que vous pourriez ressentir pour ceux qui vous nuisent. "Celui-là ne me fut d'aucune aide en cette vie", une telle pensée est à rejeter au profit de cette autre, "Chaque être au cours de ses naissances dans le cycle des existences depuis un temps sans commencement m'a protégé avec bienveillance, à l'égal de mes parents présents. Plus tard, dans d'autres naissances dans le cycle, ils m'aideront encore en tant que tels."

Ainsi, le premier des sept points est la reconnaissance des êtres comme nos mères passées, et le second la prise de conscience de leur bonté. Le troisième est l'intention de rendre cette bienveillance : "Je m'engagerai dans les moyens propres à donner à tous le bonheur et à les libérer de la souffrance. Tout comme il m'ont aidé dans le passé je dois maintenant les assister."

Quels sont leurs besoins ? Quel est le moyen de leur rendre leur bonté ? Nous devrions faire en sorte qu'ils se libèrent de la souffrance et connaissent le bonheur, car la pire des situations est d'avoir repris naissance dans le cycle. "Je m'engagerai dans les moyens propres à les libérer du tourment. Il serait honteux, contre nature et répugnant d'oublier leur extrême altruisme et de ne pas faire d'effort pour les délivrer." Suppliez les Trois Joyaux qu'ils vous aident à accroître cette aspiration.

Qu'est-ce que la libération ? Les êtres naissent en tant qu'humains ou dieux ou, s'ils ont accumulé des actes défavorables, comme animaux, esprits affamés ou habitants des enfers. Jusqu'à notre libération du cycle, nous-même, et tous les êtres, devons subir sans relâche la répétition des naissances, maladies, vieillesses et morts. Il nous faut donc identifier les causes matérielles de cette ronde. Ce sont les actions contaminées et les perturbations. Motivé par ces dernières nous accumulons des actions; de ce fait, le désir, la haine et l'ignorance sont les causes de la servitude. Les facteurs perturbateurs dans le courant de conscience de tout être, soi-même et autrui, sont les ennemis de tous dans les dix régions de l'espace.

L'attachement s'élève pour les objets du désir et, lorsque nous croyons avoir été trompé, nous haïssons, tuons, et combattons les autres. Sous l'influence de la haine la guerre est endémique. Et même si nous ne nous entretuons pas, nous nous persécutons mutuellement sous l'emprise de la haine initialement engendrée envers notre semblable. Enfin, l'ignorance caractérise un état d'obscurcissement générateur d'actions entreprises dans la confusion, sans savoir que telle action produira telle faute et que telle autre pourrait en protéger. Une telle disposition provoque notre errance.

Ainsi, le désir, la haine et l'ignorance font que tous les êtres des dix directions tournent dans l'existence cyclique, sont sujets à la colère et à l'attachement. C'est pour cette raison que les facteurs perturbateurs sont dits être les ennemis de tous dans les dix régions de l'espace. Celui qui les a abandonnés est un Destructeur de l'ennemi. Ayant vaincu son adversaire il est délivré du cycle. Libéré des perturbations il ne peut y renaître même si, au cours de ses existences sans commencement, il a accumulé d'innombrables prédispositions pour devenir habitant des enfers, animal, esprit avide, humain, demi-dieu ou dieu. Les graines de riz ou de blé en votre possession ne germeront pas si vous ne trouvez ni eau, ni terre ni chaleur. De même, vous ne pourrez renaître sous l'emprise du karma - les actions accumulées antérieurement - si vous êtes capable d'abandonner les distorsions mentales. Vous serez libéré de la naissance, de la vieillesse, de la maladie et de la mort. Ceci est la félicité de l'extinction de la souffrance.

L'intention de quitter un tel état est appelée "pensée de quitter définitivement le cycle". En résumé, tous les êtres illustrés par nos parents de cette vie nous ont protégé avec bienveillance. En retour, nous nous engageons dans la méditation pour les conduire à la libération, la cessation de toute douleur.

Ayant reconnu nos mères en tous les êtres et ayant pris conscience de leur bonté, notre sujet de contemplation sera, aujourd'hui, la prière suivante : "Puissent tous les êtres réaliser la félicité de la libération !" Si cette pensée est convenablement cultivée à l'endroit de tous les êtres dans les dix régions, les bienfaits en sont très vastes. Et même si vous ne parvenez qu'à entrevoir la possibilité de tels bienfaits, les erreurs et les obstructions qui sont la cause des renaissances en seront affaiblies. Une seule session d'approfondissement sur ce thème : "Puissent tous les êtres parvenir à la libération de la souffrance et atteindre la félicité!" est plus puissante que l'aspiration à la délivrance personnelle nourrie pendant des centaines de milliers d'années.

La position du corps vous est connue. Il existe deux types d'engagement de l'esprit : la méditation analytique et la stabilisatrice. La première se réfère à l'investigation et à l'analyse de l'objet, par exemple, examiner les raisons de payer de retour les êtres pour leur bonté, et la seconde au seul établissement de l'esprit sur l'objet sans une telle étude. Cependant, un examen est nécessaire au cours de ces deux types de concentration, en ce sens qu'une observation attentive de l'esprit est menée. Sans cela vous aurez la tête qui tourne et dormirez ! Si votre motivation est altruiste des bienfaits en découleront pour vous-même et pour autrui.

Avez-vous quelques questions ?

Q. - Pourquoi ne devons-nous pas réagir à la colère lorsque d'autres nous nuisent ?

R. - Si votre mère qui vous a témoigné tant de bienveillance durant tant d'années se mettait en colère et tentait de vous frapper, réagiriez-vous par le courroux ? La battriez-vous ? Ou essayeriez-vous plutôt de la calmer et de lui faire retrouver son état normal ? De la même manière, un être emporté contre vous est en fait votre meilleur ami ayant perdu le contrôle de lui-même et qui, involontairement, vous attaque. Il n'est pas fautif car il est dépossédé de sa propre volonté. Il vous a aidé auparavant et vous aidera encore. Lorsque vous étiez dans sa matrice combien de souffrances n'a-t-il pas subies ? Ensuite, combien de difficultés n'a-t-il pas endurées après votre naissance ? Nous n'avons pas le souvenir des tourments auxquels nos mères ont dû faire face lors des premières années de notre croissance. Mis à part ceux doués de clairvoyance, nous sommes incapables de mesurer les souffrances endurées par notre mère pour notre bien. Il est donc de première importance de parvenir à une certaine compréhension de sa bonté en cette vie et ensuite, de voir tous les êtres de la même façon.

VIII. L'ALTRUISME

Parmi les six causes pour un effet j'ai déjà expliqué la reconnaissance de tous les êtres comme étant nos mères, la reconnaissance de leur bonté et l'intention de les payer de retour pour cela. Aujourd'hui je vous expliquerai le quatrième précepte : l'amour.

Dans quel but cultivons-nous un tel état d'esprit ? Pour tous les êtres sensibles. Quelles sont les réflexions caractéristiques d'une conscience propre à l'amour ? Il y en a trois.

Tout d'abord : "Comme ce serait merveilleux si tous les êtres possédaient le bonheur !" Ensuite : "Puissent tous les êtres posséder le bonheur !" Et enfin : "Je ferai en sorte que tous les êtres possèdent le bonheur !".

Comme le dit le Bouddha dans le Sutra intitulé *"Roi des Recueillements"*, les bienfaits d'engendrer l'amour pour tous les êtres sont immenses. Ils sont mille fois plus grands, et même sans commune mesure avec ceux provenant d'offrandes de contrées entières gorgées de nourritures, de boissons et de biens, renouvelées pendant de nombreux éons. Même si de tels présents émanaient du meilleur des continents, il est bien plus utile de produire l'amour, ici, dans notre monde.

Dans le Sutra *"Terre de Manjushri"* le Bouddha explique également qu'il existe un champ de Bouddha (ou terre pure) situé au nord-est de notre monde qui ne ressemble à rien de connu. Les êtres y sont extrêmement heureux car ils ont atteint la cessation des sensations et discriminations grossières, et demeurent très confortablement en absorption sans être sujets à aucune souffrance. Connaissant une telle félicité il est très facile de s'engager dans une pure conduite pendant des dizaines de milliards d'années. Ils s'abstiennent de tuer, de voler, ne commettent aucune inconduite sexuelle, etc. Le Bouddha commente que bien que le résultat de leur pratique soit grand, il serait encore plus positif de s'exercer à l'amour, ici, ne serait-ce que pour la durée d'un claquement de doigts.

Si un tel bénéfice provient de la prise en compte de tous les êtres lorsque la pensée "puissents-ils posséder le bonheur !" se trouve engendrée dans le simple temps nécessaire à un claquement de doigts, comment pourrait-on mesurer les bienfaits de s'exercer à l'amour une heure ou une semaine ?

C'est parce que le champ de conscience (l'objet de votre motivation) est vaste que les avantages d'une telle pratique sont si considérables. Nous nous rendons alors compte de notre relation intime avec tous les êtres en les reconnaissant comme nos mères, en devenant attentif à leur bonté et en voulant les payer de retour. Selon quel processus cultive-t-on l'amour en méditation ? Les trois aspects d'un esprit d'amour correspondant à trois niveaux progressifs d'intensité, doivent être expérimentés en conscience de manière répétée. "Comme il serait bon que tous les êtres possèdent le bonheur et ses causes !", Puissent tous les êtres posséder le bonheur et ses causes !", "Je m'engagerai personnellement afin que tous connaissent le bonheur et ses causes !".

Choisissez d'abord comme objet de conscience un ami, votre père ou votre mère, et cultivez le souhait que cette personne parvienne au bien-être. Une fois cette pensée devenue naturelle, prenez alors comme objet un être n'étant ni votre ami ni votre ennemi et procédez de la même façon envers lui, souhaitant qu'il jouisse de la félicité et de ses causes. Ensuite, lorsque cette pensée s'élève facilement, tournez votre attention vers une personne vous apparaissant comme antagoniste quelqu'un qui ne vous aime pas et vous manifeste de l'hostilité. Méditez alors sur l'amour jusqu'à ce qu'il ne reste plus aucune différence (d'intensité) entre le souhait de joie que vous formulez pour les deux premiers types de personnes et pour cette troisième. Dans le passé cet individu fut aussi bon que vos parents présents. C'est sous l'influence des perturbations du désir, de la haine et de l'ignorance qu'il vous apparaît, actuellement, comme ennemi. En réalité, il n'existe aucune raison valable pour réagir par la colère. Bien au contraire, cultivez fortement la pensée : "Puisse-t-il posséder le bonheur !".

Une fois atteint le degré de développement en lequel cette idée rayonne avec autant d'ardeur pour ces trois types d'êtres, élargissez graduellement votre méditation jusqu'à englober tous les êtres des dix directions. Au cours de l'élaboration de ces trois souhaits, il vous faudra réfléchir, encore et encore, aux inconvénients liés à l'absence de bonheur et aux avantages propres à sa possession. La réelle pensée : "Puissent-ils posséder le bonheur !" est plus utile aux êtres que de les combler d'or, d'argent et de joyaux au point que ces cadeaux emplissent plusieurs univers ! De plus, même si vous leur donniez or, argent, etc., en grande quantité vous ne pourriez vous empêcher de songer : "Je viens de dispenser des dons magnifiques à ces gens."

Au cours de cette contemplation, plutôt que d'imaginer avoir prodigué quelque chose de grande valeur aux autres, vous devez d'abord réfléchir à la grande bonté dont ils ont fait preuve à votre égard et en retour développer le souhait : "Puissent-ils posséder le bonheur et sa cause !".

Tout comme les êtres sont innombrables, de même les effets fructueux d'une méditation de ce genre sont illimités. Dans vos vies futures chacun vous témoignera de la mansuétude et vos conditions d'existence en seront grandement facilitées. C'est un des avantages provenant de l'aide apportée à autrui, ne serait-ce qu'en pensée ! Pas une personne de votre entourage ne cherchera à vous nuire. Pareille aux semailles d'un champ, votre culture de l'amour produira des moissons de relations bénéfiques.

Je viens de vous exposer brièvement la manière de méditer sur l'amour. Nous venons d'en terminer avec les quatre premiers préceptes : reconnaître tous les êtres comme étant nos propres mères; être attentif à leur bonté; souhaiter la leur rendre; et l'amour. Ceci signifie qu'à l'issue de cette étude vous serez à même de trouver en chaque être quelque chose d'agréable, et cela quelles que soient ses caractéristiques externes.

Cultivez l'amour étape après étape, c'est le vœu que je forme.

IX. LA GRANDE COMPASSION

Je vous présenterai aujourd'hui les étapes conduisant à la compassion. Quel est le champ d'action d'un esprit compatissant ? Il s'agit de tous les êtres affligés par une des trois souffrances : **souffrance de la souffrance, souffrance du changement,** et **souffrance d'être composé** de telle sorte que l'on est constamment sujet à la douleur. Dans ces tourments sont incluses la naissance, la vieillesse et la mort. Où que vous naissiez, dans une migration heureuse ou malheureuse, une fois la naissance prise, sous l'influence des actions contaminées et des perturbations de l'esprit, finalement, rien excepté la souffrance ne peut survenir. Depuis la formation de cet univers plusieurs milliards d'années se sont écoulés et, dans le même temps, nous tous (sous des formes diverses) avons pris naissance, avons vieilli, avons subi la maladie et sommes morts de manière répétée. Pas un seul d'entre nous n'a réussi à demeurer en vie; nous sommes morts et renés sans relâche.

Les **souffrances du changement** sont des sensations de plaisir, qui semblent agréables lorsqu'elles sont considérées superficiellement, mais sont susceptibles de se transformer en douleurs. Illustrons cette catégorie avec un exemple facile à comprendre. Si nous nous exposons à un soleil trop chaud nous sommes contents de retrouver l'abri d'un lieu plus frais, mais si nous restons dans ce lieu frais nous attraperons froid et tomberons malade. Similairement, lorsque nous avons froid et que nous nous rendons dans un endroit plus clément nous tomberons malade si la chaleur est trop forte. Bien que se chauffer ou prendre le frais paraisse être source de plaisir, l'expérience se changera en malaise si elle se prolonge trop longtemps. Cet éclairage permet de voir que toutes ces expériences n'ont en elles-mêmes aucune nature réelle de bonheur. Pareillement, si nous aimons par trop la bonne chère et en abusons, cette nourriture bien qu'apparemment délicieuse s'avèrera nocive. Peu après nous être empiffré nous souffrirons de l'estomac, vomirons, et une quantité de problèmes annexes surviendront.

De la même façon, dans le monde, animaux et humains s'accouplent et copulent avec plaisir, mais si cette occupation n'est pas faite avec une certaine modération, la semence du mâle s'épuisera et du sang jaillira. Cet excès provoque des troubles caractérisés par du froid et des vents dans le bas-ventre, nuisibles à la fois aux organes génitaux de l'homme et de la femme. C'est l'origine de beaucoup de problèmes. Bien que l'acte sexuel soit en premier lieu une chose agréable, il peut finir par détériorer la base même de l'harmonie de notre système. Ces faits sont affirmés dans le commentaire de Dharmakirti sur le *"Compendium de Connaissance Valide"* de Dignaga. De telles actions semblent plaisantes mais, après un certain temps, elles se transforment en souffrance. C'est pour cette raison que ces sensations de plaisir contaminé sont répertoriées dans la catégorie de la souffrance du changement.

Le troisième type de souffrance est appelée **"souffrance qui imprègne tout phénomène composé"**. Tant que la vie des êtres est soumise à la force des actions contaminées et des facteurs perturbateurs de l'esprit, quel que soit leur lieu de naissance - mondes du Désir, de la Forme ou du Sans-Forme - en certaines périodes ils ne subissent pas de peines manifestes. Toutefois, comme les causes de la souffrance font partie de toutes les formes de vie dans les trois mondes, lorsque certaines conditions mineures ou certaines causes sont réunies, les êtres y sont inéluctablement soumis. C'est pourquoi ce genre de malheur est appelé souffrance qui imprègne toute chose conditionnée.

Nous sommes composés de telle façon que les causes de souffrance pénètrent toute notre structure; nous sommes donc contraints de l'endurer, même si elle n'est pas manifeste en ce moment. Par exemple, nous ne souffrons pas présentement, mais que nous soyons piqués par une aiguille, coupés par un couteau, ou frappés d'un coup de pied, elle s'ensuivra aussitôt.

Tous les êtres sont donc sujets à ces trois catégories. Cette situation présente à l'esprit cultivez la compassion en pensant : "Puissent tous les êtres parvenir à la libération de la souffrance et de ses causes !".

Trois formes de pensée miséricordieuse sont à distinguer : la première est la plus faible : "Comme il serait souhaitable que tous les êtres puissent se libérer de la souffrance et de ses causes !" La seconde, plus forte, est caractérisée par la pensée : "Puissent tous les êtres parvenir à la libération de la souffrance et de ses causes !" La troisième est encore plus forte : "Je ferai en sorte que tous les êtres soient libérés de la souffrance et de ses causes !".

Dans le processus de développement de la compassion il est nécessaire d'être averti du malheur, et pour cela reconnaissez votre propre souffrance plutôt que celle des autres. "Depuis des temps sans commencement j'ai accompli des actions déméritoires, accumulant ainsi du karma négatif. J'endure la douleur. Je subis le changement. L'état de souffrance potentielle m'afflige en permanence." Réfléchissez aux causes de la douleur : les dix actions nuisibles, à la façon dont vous vous y êtes livrés, et découvrez également à quel point vous avez souffert dans cette vie.

Ce genre de raisonnement ne produira pas la compassion, mais fera naître l'intention de quitter le cycle des existences. En prenant conscience de la situation dans laquelle vous êtes, vous verrez alors qu'il n'existe aucune issue autre que la libération permettant de se dégager du processus de naissances prises sous l'influence des actions contaminées et des distorsions. Vous comprendrez que le mécanisme des malheurs de cette vie se perpétuera après votre mort et ce, quel que soit votre lieu de renaissance. Même en tant que dieu ou humain vous aurez à subir de nouveau les tourments de la naissance, de la vieillesse, de la maladie et de la mort. Vous engendrerez alors l'intention de quitter définitivement et complètement cette ronde.

Une fois ce fait devenu patent pour vous-même, considérez vos parents présents. Ils subissent les trois types de souffrances et ils en possèdent les causes. Et même lorsqu'ils en termineront avec les afflictions de cette vie ils en supporteront d'autres ultérieurement. C'est en réfléchissant ainsi que la compassion sera concrétisée.

Pensez donc, en premier lieu, à votre propre situation. Les seuls bienfaits d'une telle investigation seront, en vérité, bien minimes, comparés à ceux obtenus en considérant autrui, mais si l'on désire comprendre la souffrance d'autrui il est nécessaire de connaître au préalable les inconvénients liés à la nôtre. Cette situation clairement établie, prenez comme objet de méditation votre propre mère, un parent ou un ami proche, et cultivez la compassion, souhaitant que cette personne atteigne la libération de la souffrance et de ses causes. Lorsque ceci deviendra naturel, appliquez le même type de raisonnement à une personne qui vous est indifférente, puis à un ennemi, et petit à petit étendez la contemplation jusqu'à englober tous les êtres.

C'est en suivant ces étapes que vous devez graduellement développer la commisération. Sans cela, la seule pensée : "Puissent tous les êtres posséder le bonheur et sa cause !" ferait que lorsqu'un ennemi rencontrerait la mauvaise fortune, par exemple la mort, vous ne pourriez éviter la réaction instinctive suivante : "La malchance vient de le frapper. Ce n'est que justice !" De même, si la malchance touchait une personne dont vous ne vous souciez aucunement, votre seul commentaire à l'annonce de sa mort serait : "Tiens, Untel vient de mourir !" sans y prêter plus d'attention. En outre, si vous ne vous entraînez pas à considérer avec égalité ces trois types de personnes, lorsqu'un de vos amis tombera quelque peu malade vous serez comme fou ! Construisez donc par la méditation un esprit équanime envers les proches comme envers les étrangers. Cette sérénité achevée, élargissez votre étude en y incluant les ennemis. Considérez-les alors tous comme égaux, également bons et également mauvais, jusqu'au point où vous ne pourrez plus affirmer que tel ou tel d'entre eux est pire que les autres.

Si ce sentiment d'égalité ne devient pas naturel votre pratique ne sera jamais fructueuse. Vous n'aurez aucun moyen de souhaiter également le bonheur aux amis, aux personnes indifférentes et aux ennemis. Mais en parvenant à les voir avec sérénité, aucun alors ne pourra se distinguer de votre propre mère.

Pourquoi devez-vous considérer de cette manière toutes les personnes indifférentes et antagonistes ? Imaginez votre mère tombée dans un ravin, dans une rivière ou dans une crevasse pendant un tremblement de terre; si ses propres enfants refusaient de lui porter secours qui le ferait ?

Comment expliquer cela ? Si l'enfant qu'elle a aidé depuis son entrée dans sa matrice jusqu'à aujourd'hui, refusait de la secourir alors qu'elle défaille dans un fossé sur le bas-côté de la route, qui voudrait le faire ? Si vous ne l'aidiez pas à regagner le chemin ou ne la conduisiez pas à l'hôpital, (en d'autres termes) si vous n'agissiez pas de façon à permettre la venue du bonheur dans toutes vos vies futures en lui rendant sa bonté, vous seriez vraiment sans vergogne. Sans même se placer sous l'angle d'une pratique spirituelle, dans le monde ordinaire un enfant qui refuse d'aider un de ses parents et l'abandonne lorsqu'il rencontre des difficultés est jugé comme un moins que rien et rayé du nombre des humains. Non seulement un tel être n'a aucune pensée religieuse, mais en plus, lorsque ses proches endurent des souffrances par maladies ou accidents, il ne les aide pas et observe leurs épreuves en s'en moquant. Tout le monde juge une telle personne indigne. Il est communément admis que de tels descendants auront à subir les mêmes avanies avec les leurs.

Donc, le cinquième point est la méditation sur la compassion pendant laquelle vous établirez une pensée sereine envers tous les êtres : "Puissent-ils être libérés de la souffrance et de ses causes !".

En résumé, un esprit de compassion a trois aspects; le niveau moindre correspond à la pensée : "Comme il serait souhaitable que tous les êtres soient libérés de la souffrance et de ses causes !" Le niveau de sensibilité moyen est illustré par ces mots : "Puissent tous les êtres parvenir à la libération de la souffrance et de ses causes !" La grande compassion est l'aspiration suivante : "Je ferai en sorte que tous les êtres des dix régions de l'espace, illustrés en cette vie par mes père et mère, obtiennent la libération de la souffrance et de ses causes. Puisse la grâce des maîtres et des Trois Joyaux me donner la capacité d'accomplir cela !".

Ce recueillement portera de grands fruits dont vous jouirez dans le futur. Prenez la posture de méditation, considérez un parent ou un intime, une personne qui vous est indifférente, puis un ennemi et, enfin, élargissez votre compassion jusqu'à englober tous les êtres. Etant donné l'ampleur des résultats bénéfiques issus de l'application à la compassion pour la seule durée d'un claquement de doigts, le tenter plusieurs minutes produit des effets sans limites. Je ne parle pas seulement pour vous être agréable. Lisez la Parole du Bouddha, approfondissez-la, observez-la et vous parviendrez à en être convaincu.

Q. - Devons-nous encore aujourd'hui reconnaître tous les êtres comme nos mères, devenir conscient de leur bonté, souhaiter la leur rendre et engendrer l'amour ?

R. - Il serait plus approprié d'abréger les quatre premiers points et de penser : "Tous ces êtres furent mes mères et manifestèrent une grande bonté à mon égard; elle doit leur être rendue. Puissent-ils posséder le bonheur et ses causes !" Ayant brièvement réfléchi à cela, passez alors à la compassion : "Puissent-ils être libérés de la souffrance et de ses causes !"

Q. - Dans notre séance du jour nous nous concentrons tout d'abord sur un proche, puis sur une personne qui nous est indifférente, et enfin sur un adversaire. Lorsqu'au départ nous avions développé l'équanimité nous avions commencé par porter notre attention sur un être indifférent. Y a-t-il une raison à ce changement ?

R. - Même sans avoir médité sur ce sujet la prise en compte de l'être indifférent est similaire à l'équanimité car elle est libre de désir et de haine. Donc, lorsqu'on tente de développer l'égalité envers amis et ennemis on s'habituera préalablement à un objet facile. Votre état d'impassibilité envers cet étranger est seulement analogique, il s'agit d'une équanimité par défaut, c'est-à-dire que vous n'éprouvez ni désir, ni haine pour cette personne, mais vous ne lui reconnaissez pas non plus de valeur. Néanmoins, pour l'engendrer, commencez par l'être envers lequel vous ressentez moins de difficulté afin de manifester intérieurement cette attitude.

L'étape pour produire la sérénité fut conjointe avec celle de la reconnaissance de tous les êtres comme notre mère. Lorsque vous réfléchissez à ce dernier point, il est préférable de prendre comme premier objet un ami et non pas un étranger. Toutefois, puisque nous avons mélangé les deux étapes, recherchant l'équanimité par le biais de la reconnaissance de nos mères en tous les êtres, nous commençâmes par un être neutre. Dans les méditations particulières à l'amour et à la compassion comme aujourd'hui, commencez par un ami car il est très facile de lui souhaiter le bonheur et la libération de la souffrance. Les conséquences des malheurs endurés par un être sympathique et son manque de bonheur nous sont plus évidentes. Portez donc votre choix sur lui. Ayant ainsi débuté par un proche et acquis une accoutumance d'amour et de compassion à son endroit, vous serez capable de mesurer sans effort votre progrès par rapport à un étranger et à un ennemi en comparant votre sentiment à leur égard avec celui éprouvé pour votre ami.

Nous vivons une époque dégénérée proche de la fin des enseignements du Bouddha. Lorsque je réfléchis au résultat bénéfique de notre réunion et de nos causeries ici et maintenant, je suis très heureux. Votre chance est sans limite.

X. *L'ATTITUDE EXCEPTIONNELLE*

Le sixième stade des six causes pour un effet, les préceptes de production de l'esprit d'Eveil, est appelé l'attitude exceptionnelle. Cette attitude est en vérité une méditation sur l'amour et la compassion mais elle reçoit ce nom parce qu'elle est nourrie avec une énergie particulière. Quelle est-elle ?

Jusqu'à présent, voyant que les êtres sont dépourvus de bonheur et sont torturés par la souffrance, vous avez engendré l'amour et la compassion. La force spéciale de l'attitude exceptionnelle provient de la pensée suivante : "Je prends sur moi la charge de faire en sorte que tous les êtres possèdent le bonheur et ses causes. Je prends sur moi la charge de faire en sorte que tous les êtres soient libérés de la souffrance et de ses causes".

La seule idée : "Comme il serait souhaitable qu'ils possèdent ces bienfaits !", ou "Puissent-ils les posséder !", est insuffisante. Etant fils ou fille de tous ces êtres, quelle honte pour moi de ne pas m'efforcer à développer les moyens d'être la cause de leur bonheur. Aux yeux du monde je serai un misérable. Et les Bouddha des dix directions me considèreraient sans aucun doute comme inutile. Nous devons donc prendre sur nous-même la responsabilité de libérer tous les êtres de la peine et de leur faire connaître la joie. Si vos parents se trouvaient dans la misère, dépourvus de nourriture et de boisson, étant leur enfant il vous incomberait de subvenir à leurs besoins. Similairement, lorsque cette attitude extraordinaire de compassion est appliquée en concentration vous devenez l'enfant aidé par chaque être, et ces personnes, vos propres parents, sont ceux-là même tombés dans un ravin ou une rivière, les membres disloqués. Les laisser dans un tel état serait honteux ! Dans cette exercice vous acceptez la charge de libérer tous les êtres des dix directions de la souffrance et de ses causes. L'esprit désireux d'assumer cette mission est appelé attitude inhabituelle de compassion.

Cette disposition doit être produite non seulement en méditation mais également dans toutes vos activités, en marchant, allant, mangeant, travaillant ou dormant. Même durant votre travail, dans les profondeurs de votre conscience la force de la pensée : "Je ferai en sorte que tous les êtres atteignent la libération de la souffrance et connaissent le bonheur !" sera indestructible. Telle est l'attitude extraordinaire.

Comment expliquer cela ? Laissez-moi vous donner un exemple. Si l'écorce très amère d'un arbre est mélangée à quelques gouttes de mélasse ou de sucre, son amertume n'en sera pas atténuée. De la même façon, le développement occasionnel des pensées d'amour et de bienveillance ne permettra pas cette transformation en l'attitude exceptionnelle, mais le changement ne se produira que par une application fréquente et longue. Lorsque dans tous nos modes de comportement l'attitude de prendre sur soi la responsabilité de libérer tous les êtres des tourments et de les établir dans le bonheur, demeurera inséparable de nous-même et irréversible, ce sera le signe de la réalisation de cette attitude spéciale.

Une personne ayant engendré ce mode de comportement hors du commun, accède au rang d'être de grande capacité parmi les trois types de motivation préalablement étudiés. Elle a abandonné ses propres buts et son objectif est d'aider les autres. Elle œuvre uniquement pour les aspirations de tous dans les dix directions. Même si les Auditeurs et les Réalisateurs solitaires parviennent au terme de leurs voies respectives et deviennent des Destructeurs de l'ennemi, ils n'en seront pas pour autant des êtres de motivation supérieure. Ces Destructeurs de l'ennemi doivent continuer à entraîner leur esprit à reconnaître tous les êtres comme leur mère, à reconnaître leur bonté, à souhaiter rendre cette bonté, à développer l'amour, la compassion et l'attitude extraordinaire. L'engendrement d'une telle aspiration concerne (ces disciples appelés dans les textes) "Ceux qui antérieurement avaient réalisé le stade de Destructeur de l'ennemi". Mais ils ne le sont plus, ayant accédé au rang des êtres de capacité supérieure.

Lorsqu'un disciple parachève l'attitude extraordinaire et qu'elle ne peut plus être oubliée, il s'interroge sur les moyens spéciaux existants qui permettent d'actualiser le bien-être des êtres. Bien que le seul entraînement médidatif soit bénéfique, il est essentiel de connaître les méthodes aptes à libérer les êtres de la souffrance et à leur faire atteindre le bonheur. Sans cela il ne s'agirait que d'un simple souhait. "Qui peut détenir de telles capacités ?" Ils découvrent que ces pouvoirs merveilleux sont inhérents au statut de Bouddha sacré.

Pour parvenir à cette décision ces pratiquants doivent développer la confiance en les qualités des Bouddhas. Les Sutras et les Commentaires décrivent trois types de foi, dont le plus inférieur est appelé "foi de claire joie". Elle est comme un feu brûlant dans l'esprit, comme un joyau placé dans un lac pour précipiter toutes les impuretés. C'est un état de simple délice (provenant de la contemplation) d'un objet vertueux. Le second type de foi est celui basé sur la confiance issue de la connaissance. Ayant étudié que l'engagement dans le bien procure le bonheur et qu'inversement, les actions nuisibles résultent en malheur, on développe la confiance en la loi de cause et effet. Prenons un exemple observable de nos propres yeux : si nous avons fourni de grands efforts pour apprendre le fonctionnement d'une machine ou dans l'étude d'un sujet abstrus nous acquerrons une croyance basée sur la connaissance des résultats positifs issus d'un tel entraînement.

Les causes et effets des actions, bien qu'existants, ne peuvent être perçus directement par nos sens. Cependant, en ce qui concerne la causalité, à partir de notre expérience personnelle et du raisonnement, il nous est possible de développer le second type de foi. Similairement, nous pouvons aussi faire naître une assurance fondée sur la connaissance que notre objectif d'aider les êtres est atteint grâce à la réalisation de l'état de Bouddha - comme dans le cas du Bouddha Sakyamuni qui commença par engendrer une aspiration à l'Illumination suprême, puis accumula les collections de mérite et de sagesse pendant trois périodes cosmiques illimitées, pour finalement devenir pleinement et parfaitement éveillé dans les corps, parole, esprit, qualités et activités d'un Bouddha.

En bref, avec la découverte qu'un Bouddha a abandonné ce qui est à abandonner et réalisé ce qui doit l'être, nous parviendrons à la confiance raisonnée de la grande utilité de l'obtention de la Bouddhéité. Cette confiance une fois née, nous développerons le troisième type de foi : le souhait d'atteindre nous-même un tel rang.

En s'appuyant ainsi sur la confiance, ceux qui ont engendré l'attitude exceptionnelle prennent conscience qu'un Bouddha possède tous les moyens nécessaires à l'accomplissement de ses vœux d'aider tous les êtres. Ils explorent alors leur propre vie et s'aperçoivent - sans parler de libérer autrui - qu'ils sont incapables de se libérer eux-mêmes; ils ne sont pas même libres de la souffrance et de ses causes. Ils gagnent ainsi, par une cognition valide, la certitude de la nécessité d'atteindre la Bouddhéité. Ensuite, ils examinent leur propre esprit en vue de déterminer si cela est possible. Au moyen d'une étude scrupuleuse de la vacuité ils comprennent que l'esprit n'est pas naturellement souillé par le désir, la haine et l'ignorance mais que ces facteurs sont adventices et sa nature intrinsèquement pure. Ils acquièrent alors, par une connaissance valide, la conviction que l'obtention de la Bouddhéité est possible.

Ils se sont chargés de la responsabilité du bien-être de tous, et ont compris qu'ils doivent, et peuvent, réaliser l'état de Bouddha. A ce point, ils sont arrivés au septième précepte des six causes pour un effet : l'aspiration altruiste à l'Eveil suprême. A ce stade ils forment le vœu d'atteindre le rang d'un Bouddha. Telle est l'actualisation d'un esprit d'Eveil d'aspiration.

Dans son texte *"Ornement des Réalisations"*, Maitreya (15) commente :

"L'esprit d'Eveil est le souhait d'atteindre l'Illumination suprême pour le bien d'autrui."

C'est la pensée : "J'atteindrai le rang d'un parfait Bouddha afin de libérer tous les êtres et les amener au bonheur."

Cette méditation constitue la seconde des trois principales Voies vers l'Eveil. Si vous en êtes capable, actualisez-la. Rien d'autre n'est riche d'autant de bienfaits pour vous-même et autrui. Même en lisant tous les livres, toutes les Ecritures et leurs Commentaires, vous ne trouverez pas une conduite plus bénéfique car il n'en existe pas !

Si, pour un tel résultat, vous avez la volonté de travailler pendant longtemps, il est certain que d'immenses bénéfices en découleront; toutefois, même la simple compréhension suivant une seule écoute de cet enseignement est décrite comme porteuse de si grands résultats que plusieurs millions d'éons ne suffiraient pas à les expliquer.

En ce qui me concerne, je viens de vous faire un exposé le plus clair possible du deuxième des trois principes de la voie, en conformité avec la présentation des grands systèmes bouddhiques. Lorsque je réfléchis à la valeur de ces instructions, j'ai le sentiment qu'ayant rencontré en cette vie les conditions pour le délivrer, il me sera bien difficile de les réunir dans une autre existence, car les occasions pour un tel discours sont extrêmement rares.

Donc, lorsque vous méditez, couvrez point par point les sept étapes : reconnaître tous les êtres comme étant sa propre mère, reconnaître leur bonté, vouloir la leur rendre, l'amour, la compassion, l'attitude extraordinaire, et l'aspiration altruiste à l'Eveil suprême... Vous pouvez aussi vous concentrer principalement sur l'attitude extraordinaire en pensant : "Je prends sur moi la responsabilité que tous les êtres dans les dix directions, illustrés en cette vie par mes propres parents, possèdent le bonheur et ses causes. Mais comme je ne pourrai réaliser un tel vœu sans l'obtention préalable de la Bouddhéité, j'atteindrai ce rang."

Que vous pratiquiez ceci le matin, le soir ou à tout autre moment - et même si le loisir pour vous y appliquer vous fait défaut - réfléchissez de temps en temps de la manière suivante : "J'établirai tous les êtres dans le bonheur et les libèrerai de la souffrance. En vue de cet accomplissement j'atteindrai l'état de Bouddha. Ayant gagné ce statut je les y conduirai." Si vous imprégnez votre esprit de telles pensées de façon à ne jamais les oublier vous ferez naître une attitude incomparable.

Q. - Nous est-il possible de porter secours à autrui avant d'avoir réalisé l'état de Bouddha ?

R. - Vous le pouvez. Une fois que votre motivation est constituée par cette aspiration altruiste tout ce que vous entreprendrez sera inhabituel. Vous serez un être de capacité supérieure. Vos actions néfastes décroîtront et les méritoires croîtront. Dans la Parole du Bouddha il est clairement exprimé que beaucoup dans ce pays engendreront cette aspiration dévouée, s'engageront dans les pratiques appropriées et chercheront à aider leurs semblables. Cet état de choses est déjà commencé.

Dans les Sutras de la *"Perfection de Sagesse"* en cent mille et en vingt-cinq mille stances, le Bouddha a prophétisé clairement :

"Dans le futur et encore plus tard, la Doctrine s'étendra aux contrées du nord."

Cette prédiction signifiait que l'Enseignement gagnerait le Tibet puis la Mongolie. Lorsqu'elle se réalisa l'Enseignement disparut de l'Inde. Les Ecritures disent encore :

"Ensuite, la Doctrine s'étendra jusqu'ici."

"Ici" se réfère à un retour en Inde. A présent beaucoup de Tibétains ont trouvé refuge en Inde et de nombreux monastères ont été établis. Les Indiens eux-mêmes offrent une parcelle de terre à chaque moine et les quatre traditions tibétaines, Nyingma, Sakya, Kagyu et Gelug, ont construit leurs monastères. Les Indiens ont le sentiment que les Tibétains ont rapporté le Bouddhisme en sa terre d'origine et que sa perte en leur propre pays fut un désastre. C'est ainsi que la Doctrine est revenue en Inde.

Les Ecritures disent ensuite :

> "Deux mille cinq cents ans après ma mort l'Excellente Doctrine se propagera au pays des gens aux visages rouges."

Ce pays est le continent américain. Il est devenu l'Amérique il y a environ deux siècles mais était auparavant la terre des peaux-rouges. Deux mille cinq cents ans après le passage du Bouddha c'était l'année 1957. A ce moment, la diffusion du Dharma a commencé aux Etats-Unis.

Le Bouddhisme ne peut se propager que dans les pays où beaucoup de gens ont accumulé du mérite. Ce sont des pays riches où les habitants sont intelligents et instruits, où la nourriture, la boisson et les biens abondent et où la contrée elle-même est plaisante et agréable à vivre. Le Dharma ne peut se propager là où il y a énormément de souffrances et de guerres, car dans ces conditions trop de peurs font écran. Sans parler de la pratique de l'Enseignement, il est déjà tellement difficile dans ces lieux de prendre soin de sa propre existence ! La Doctrine ne peut s'établir que dans un pays propice.

Il est extrêmement rare de recevoir un enseignement tel que celui traitant des trois principes de la voie pour l'Illumination suprême. Ceci fut possible grâce à votre grande collection de mérites. Aussi, ne limitez pas la production de cette aspiration altruiste à la seule méditation, mais pensez-y de temps à autre : "J'établirai tous les êtres dans le bonheur et je les libèrerai de la souffrance. Cela ne sera possible que si je réalise la Bouddhéité. Je supplie les Trois Joyaux de me donner les moyens de l'atteindre. Je le veux. Et, ayant réalisé la Bouddhéité, j'enseignerai la Doctrine à autrui."

Réfléchissez ainsi encore et encore. Plus tard, vous comprendrez qu'il n'existe rien de plus méritoire que cette aspiration altruiste et les préceptes servant à la produire.

TABLEAU DES QUATRE GRANDES TRADITIONS PHILOSOPHIQUES BOUDDHIQUES

MAHAYANA	(NAGARJUNA) (ARYADEVA) **MADHYMIKA** basé sur le deuxième tour de la Roue de la Loi (sens définitif) (Résident au milieu)		PRASANGIKA (BUDDHAPALITA, CANDRAKIRTI) (usent de la conséquence)
		SVATANTRIKA	YOGACARA SVATANTRIKA (SANTARAKSITA) (syllogisme autonome)
			SAUTRANTIKA-SVATANTRIKA (BHAVAVIVEKA) (inférence)
	CHITTAMATRA *(ou YOGACARA ou VIJNANAVADIN)* *basé sur le troisième tour de la Roue de la Loi (sens indirect)* *L'ESPRIT SEUL*		*CEUX QUI SUIVENT LA RAISON (DHARMAKIRTI)*
			CEUX QUI SUIVENT LES ECRITURES (ASANGA)
HINAYANA basé principalement sur le premier tour de la Roue de la Loi.	**SAUTRANTIKA** *Montrent par l'exemple*		*CEUX QUI SUIVENT LA RAISON (DHARMAKIRTI)*
			CEUX QUI SUIVENT LES ECRITURES (VASUBANDHU)
	VAIBHASIKA - 18 SOUS-ECOLES (VASUMITRA)		

L'ENSEIGNEMENT EN SAGESSE

XI. LA SAGESSE

Jusqu'à présent je vous ai présenté brièvement les modes de penser permettant le développement du renoncement à l'existence cyclique et la production de l'aspiration altruiste à la plus haute Illumination. Je commencerai maintenant l'exposition de la vue correcte.

La vue correcte est une cognition non-trompeuse du mode d'existence de tous les phénomènes. Nous tournons dans le cycle des existences parce que nous avons une conception erronée de la nature des choses. Aussi, l'établissement de la vue juste est extrêmement important. Il y a plusieurs façons de présenter cette vue selon les différentes écoles philosophiques supérieures et inférieures. Je traiterai ici de notre propre système ultime, celui des Madhyamika Prasangika.

Il existe une vue juste en ce qui concerne les personnes, c'est-à-dire, le mode d'être ou d'existence des personnes, et une vue juste à propos de tous les autres phénomènes, les objets autres que les personnes.

La vue correcte concernant la personne est une connaissance de son non-soi subtil, et la vue correcte concernant les autres phénomènes est la connaissance du non-soi subtil de tous les autres objets. Ces deux cognitions sont résumées en la connaissance de la vacuité ou juste vue.

Réalisant la vacuité vous connaîtrez le mode d'existence réel des objets; aucune vision plus vaste ne peut être atteinte. Parce que cette connaissance nous fait défaut nous errons dans le cycle des existences.

Notre fausse conception de la nature des choses est la base de toutes nos difficultés. Un aspect trompeur des phénomènes apparaît à notre esprit et, sans nous en rendre compte, nous-même et tous les êtres dans les dix directions, acquiesçons à cette fausse nature. Telle est la cause de notre errance. C'est pourquoi, tout ce que notre maître le Bouddha Sakyamuni, et tous les Bouddhas antérieurs, ont enseigné le fut uniquement dans le but de connaître la vacuité. A ceux qui étaient des réceptacles adéquats ils montrèrent directement la vacuité. Et à ceux qui n'étaient pas qualifiés pour entendre cet enseignement de but en blanc, les Bouddhas ont révélé diverses pratiques destinées en fait à mener à cette compréhension.

Comment peut-on dire que tous les enseignements dispensés par les Bouddhas ont pour seule fin la connaissance de la vacuité ? Ils agirent pour que les êtres puissent abandonner ce qui est à abandonner, se libérer de la ronde des existences et réaliser la Bouddhéité. Dans les Commentaires de la Parole du Bouddha la question suivante est posée :

> "Comment juger si une personne donne un sens à l'apparition dans le monde du Bouddha ? Lorsqu'une personne développe une compréhension de la vue correcte, l'objectif de sa venue est atteint".

Réciproquement, si une compréhension de la vue juste n'est pas établie, son dessein n'est pas réalisé. L'objectif réel de sa venue dans le monde est essentiellement l'établissement de la vue correcte; toutefois, il est possible de dire que, même si cet accomplissement n'a pas lieu, ceux qui atteignent le renoncement au cycle des existences et l'aspiration altruiste à l'Eveil remplissent le dessein du Bouddha, mais pas avec l'ampleur propre à la connaissance de la nature des choses. Pourquoi ? Parce que la sagesse de la vacuité, pareille à une mère, donne naissance aux réalisations auspicieuses du Petit et du Grand Véhicule et permet l'abandon des voiles et l'épanouissement des fruits des deux Véhicules.

Le Bouddha lui-même a dit que la Sagesse est la mère, et que la Méthode - la motivation de chercher à quitter le cycle des existences ou d'actualiser l'Eveil suprême pour le bien de tous les êtres - est le père. Comment expliquer cela ? Si l'on ne développe pas la sagesse connaissant la vacuité il sera impossible d'abandonner les voiles à la libération, ainsi que les pratiquants du Petit Véhicule cherchent à le faire et, de même, de dissiper ceux qui empêchent l'obtention de l'omniscience, donc d'obtenir la Bouddhéité, comme les pratiquants du Grand Véhicule cherchent à le faire. Ainsi, la vue juste de la vacuité est l'antidote le plus efficace pour l'élimination des obstructions dans les trois Véhicules des Auditeurs, des Réalisateurs solitaires et des Bodhisattvas.

Si votre motivation consiste à souhaiter vous libérer personnellement des souffrances de l'existence cyclique et obtenir la libération, c'est ce qu'on appelle la méthode des Auditeurs. Ainsi motivé, un Auditeur s'engage dans la méditation sur la vacuité et atteint le rang d'un Destructeur de l'ennemi.

L'intention d'un Mahayaniste est l'aspiration à la Bouddhéité pour le bien de tous les êtres. Il s'engage dans la croissance de la juste vue afin d'abandonner les obstacles à l'omniscience. Par une telle combinaison de Méthode et de Sagesse il atteint l'état de Bouddha.

Par exemple, au Tibet, en Mongolie et en d'autres pays, si une mère ayant trois maris issus de trois contrées différentes donnait un fils à chacun d'eux, chaque fils recevait le nom de la lignée paternelle. La vue juste est comme une mère en ce qu'elle est partagée par les trois Véhicules, et elle est nécessaire pour leur réalisation. Et les différentes méthodes propres à chacun des trois Véhicules sont comme les pères, en ce qu'elles définissent les différences de lignées et d'achèvement.

La mère, la vue correcte, est partagée par les trois Véhicules car sans elle, il est totalement impossible d'abandonner les obstacles propres à chacune des trois réalisations. Parvenir à la compréhension de la vacuité est la meilleure des choses, mais même au cas où vous en resteriez au stade du doute et de la suspicion, vous demandant comment les personnes et les phénomènes peuvent être vides d'existence inhérente, les prédispositions qui sont à l'origine de votre errance dans le cycle, voleraient déjà en éclat. Pour prendre un autre exemple : si les graines de blé ou de riz en votre possession venaient à pourrir, elles auraient bien du mal à fructifier. De même, lorsque l'on se pose des questions au sujet de la vacuité il devient difficile pour les prédispositions établies par nos actions antérieures de continuer à produire le cycle. Telle est la force immense de la simple remise en cause du monde sous l'angle de la vacuité et des raisons qui la sous-tendent.

Aryadeva (16) explique dans ses "*Quatre Cents Stances sur les Actes Yogiques des Bodhisattva*" que si une personne engendre une aspiration altruiste en pensant : "Je réaliserai l'état de Bouddha afin de libérer tous les êtres du cycle des existences", alors, comme je vous l'ai déjà expliqué, les effets bénéfiques de cette pensée seront aussi grands que le nombre illimité des êtres dans les dix directions de l'espace. Comme dans l'exemple d'une seule graine de sésame contenant très peu d'huile et d'un boisseau qui, une fois pressé, en donne un plein récipient.

De la même façon, lorsque vous créez cette aspiration altruiste : "Je ferai en sorte que tous les êtres ne fassent qu'un avec le bonheur et soient libérés de la souffrance !" alors les bienfaits, pareils à l'espace, sont illimités. Car, si vous prenez comme objet de méditation tous les êtres de l'espace, les résultats positifs seront plus vastes encore que ce que les univers entiers pourraient contenir. Ceci est clairement expliqué dans les Ecritures.

Donc, bien que n'ayant pas réalisé la vue correcte, si vous pensez : "je développerai la juste vue et j'éliminerai toutes les souffrances afin que tous les êtres puissent atteindre la Bouddhéité", Aryadeva affirme que les effets fructueux de ce vœu sont seize fois plus grands que ceux provenant de la seule pratique de l'aspiration altruiste.

Aussi, bien que vous désiriez quitter définitivement le cycle, si vous n'avez pas rendu manifeste l'esprit altruiste d'Eveil, alors, mis à part votre propre bien, celui d'autrui ne pourra être mis en œuvre sur une grande échelle. Cependant, sans la vue correcte, le renoncement et l'esprit d'Eveil ne permettront pas d'éliminer les voiles et de quitter le cycle, pour ne pas parler de l'obtention de la Bouddhéité !

Il existe diverses méthodes de réalisation de la vue correcte, mais pour les débutants quatre points sont essentiels afin de connaître la vacuité. A travers ces **quatre essentiels** elle peut facilement apparaître à l'esprit.

Comment vous y prendre pour devenir apte à comprendre la vacuité d'une personne, en l'occurrence vous-même ? Vous devez, premièrement, identifier ce qui est son opposé - l'existence inhérente, l'objet de négation en ce qui concerne la personne -, le réfuter et, de cette façon, connaître la vacuité.

Le **premier essentiel** consiste donc à identifier l'objet nié dans la théorie du non-soi. On doit mettre en lumière la façon dont l'opposé de la vacuité apparaît à l'esprit. Préoccupons-nous préalablement de la manière dont le "Je" semble exister, de et par lui-même, comme s'il possédait sa propre nature, son entité propre.

Si vous existiez de façon inhérente en tant que personne, vous ne seriez pas simplement désigné sur votre corps et votre esprit mais existeriez par votre propre pouvoir, de votre propre chef. Si une personne existait ainsi, cherchant cette personne, c'est-à-dire l'objet désigné comme tel, on devrait être capable de la trouver. La tête est-elle la personne ? Les bras sont-ils la personne ? Les mains sont-elles la personne ? Les doigts sont-ils la personne ? Les jambes sont-elles la personne ? Evidemment non ! Cherchant la personne, on ne peut la trouver ! Cependant, nous n'avons pas établi une compréhension de la juste vue et, par exemple, ces derniers jours, à la vision du corps d'un homme nous n'avons pas cessé de prendre ce corps pour l'homme lui-même. De même, quoique nous ayons perçu le corps d'une vache, nous avons pris cette forme pour la vache elle-même. Tel est le fonctionnement confus de notre pensée. En réalité, le corps d'une vache est la base de la désignation "vache" et n'est pas une vache. Les sensations ressenties par une vache, froid, chaleur, confort ou douleur, ne sont pas la vache. Ce ne sont que des sensations. Similairement, les discriminations d'une vache telles que "ceci est bon", "ceci est mauvais", "voilà du liquide", "voilà un bon herbage", etc., ne sont pas la vache, mais seulement des discriminations. Et encore, le mécanisme mental d'une vache "je dois me déplacer par là", ou "voici ma génisse, je dois la lécher", n'est pas la vache.

Pareillement, l'appellation "personne" est seulement désignée sur la collection des cinq agrégats que sont les formes, sensations, discriminations, formations volitionnelles et consciences. Hormis le fait que la personne est seulement désignée en dépendance des agrégats physiques et mentaux, les agrégats pris dans leur ensemble ou individuellement ne constituent en aucun cas la personne.

Dans certaines écoles philosophiques chacun des agrégats est affirmé comme étant la personne et, selon d'autres, l'esprit seul est la personne. Ainsi, les Cittamatras la définissent comme l'esprit base de tout (alayavijnana), alors que pour les Svatantrikas elle est une conscience mentale subtile. En réalité, les cinq agrégats pris individuellement ne sont pas la personne, et leur ensemble ne l'est pas plus.

Pour reprendre l'exemple utilisé plus haut, voyant le corps d'une vache, nous pensons : "Voilà une vache", mais le corps d'une vache n'est pas la vache. Lorsque nous mangeons sa chair ce n'est pas une vache que nous mangeons; mais la viande d'un tel animal. Le composé des agrégats physiques et mentaux est la base de désignation de l'appellation "vache".

Après avoir effectué une telle investigation, lorsque vous verrez une telle forme vous penserez : "Ceci sert (de base) à la vision d'une vache". Vous n'aurez pas le sentiment que le corps d'une vache est la vache.

De même, nos propres agrégats physiques et mentaux sont la base de désignation d'un être humain, mais les cinq agrégats d'un humain ne sont pas un humain. Considérant nos propres agrégats physiques et mentaux nous pensons continuellement "Je, je, je, je, je" avec le sentiment que ce "Je" existe de sa propre nature et que nous pourrions le montrer du doigt. Cette façon d'appréhender le "Je" est appelée la conception innée d'un "Je". Depuis un temps sans commencement, sans avoir étudié, sans aucun entraînement particulier, nous sommes engagés dans une telle conception. Et du fait de cette ignorance, la notion d'une existence inhérente, nous nous trompons quant à la nature des phénomènes.

Lorsque vous associerez la réalisation de la vacuité au développement de l'amour, de la compassion et de l'aspiration altruiste, au moment d'atteindre la première Terre des Bodhisattvas vous serez à même d'offrir facilement votre propre corps s'il vous est demandé. En fait, vous n'en ressentirez aucune douleur !

Comparons un tel accomplissement avec notre état présent : si quelqu'un nous demandait : "Donne-moi ton corps !" sans parler du corps entier, nous ne serions pas même capable d'offrir un seul doigt. Et même si on nous tire seulement par le doigt nous en sommes déjà très perturbé : "Cela fait mal !". Cette réaction provient de notre fausse conception du "Je".

Jadis, Sariputra, un des Supérieurs qui, avec Maudgalyayana, est toujours montré aux côtés du Bouddha, engendra l'aspiration altruiste à la plus haute Illumination ayant comme objet le bien de tous les êtres. A un certain moment où, doté de cette aspiration mais non de la connaissance directe de la vacuité, il méditait, un démon non-bouddhiste s'approcha et raisonna ainsi : "Il est sur le point d'atteindre la Bouddhéité, je dois le détruire". Gémissant et se prosternant, il lui demanda alors : "Je fais des offrandes et j'ai besoin d'une main. Je t'en prie, donne moi une des tiennes." Bien que n'ayant pas encore réalisé la vacuité Sariputra était un bodhisattva et, pensant qu'il devait offrir sa main, il se la coupa et en fit don au démon. Cela lui fut extrêmement douloureux mais, satisfait d'avoir aidé l'homme, il reprit sa concentration. Le démon revint voir s'il avait réussi à troubler l'effort méditatif de Sariputra et se rendit compte que, bien au contraire, il s'était raffermi. "Il devient de plus en plus fort; cela ne va pas !" et il s'approcha une nouvelle fois de Sariputra. "Je me suis trompé au sujet de la main; c'est de l'autre dont j'avais besoin. Veux-tu me la donner ?" Alors Sariputra lui permit de couper et d'emporter la seconde main. Retournant à sa méditation il pensa : "J'avais déjà donné une main et maintenant l'autre. Cela me fait terriblement mal. Je comprends ainsi quel degré de souffrance endurent les êtres des enfers. C'est difficilement supportable !" Son application devint encore plus ferme. Lorsque le démon revint vérifier la portée de ses manœuvres, il fut dégoûté. "Je lui ai pris ses deux mains et cela est insuffisant pour détériorer son recueillement qui, bien au contraire, s'est grandement amélioré." Et il se mit à pleurer et à frapper sa tête contre le sol en hurlant : "Quel tour affreux il m'a joué !" En le regardant, Sariputra songea : "J'ai coupé ma main droite pour lui en faire don, mais devant son insatisfaction, j'ai dû lui offrir la gauche. Malgré cela il continue à se lamenter. Si je ne puis aider un seul être par l'offrande de mon propre corps, comment puis-je imaginer être capable de porter secours à tous ? Je ne serai jamais un bodhisattva." A la suite de cette pensée Sariputra retomba au niveau d'un Auditeur. Quelle était son erreur ?

Il n'avait pas réalisé la vacuité de l'existence inhérente de son propre corps. A cause de cela son automutilation fut douloureuse et il pensa : "Je mutile mon corps, cela me tourmente et pourtant cette action reste inutile." Sa propre pensée le fit chuter et semer les causes d'une renaissance infernale.

Tant que la vue correcte n'est pas réalisée directement cette erreur se produit. Sariputra avait une compréhension conceptuelle de la vacuité mais n'avait pas atteint l'union du Calme et de la Vision pénétrante connaissant la vacuité. Sans en posséder la perception directe s'il avait actualisé cette union - c'est-à-dire : une connaissance conceptuelle (affinée) de la vacuité - cette situation n'eut pu se produire. Dans notre exemple, la saisie de l'existence inhérente de son propre corps était trop forte. (A propos de ce point, se référer à la présentation des Terres et des Sentiers).

L'union entre le Calme mental et la Vue pénétrante est le début du Sentier de préparation du Mahayana, tandis que la vue directe de la vacuité marque le début du Sentier de vision. Si Sariputra était parvenu au Sentier de préparation sa compréhension de la vacuité aurait augmenté lorsqu'on l'aurait prié de donner son propre corps. Il aurait été capable d'utiliser la douleur ressentie du fait de l'absence de réalisation directe de la vacuité pour augmenter sa compassion envers les êtres frappés par des souffrances physiques sévères. Il n'aurait pu chuter.

C'est ainsi parce que le Calme mental est la capacité de l'esprit de demeurer sur l'objet aussi longtemps que le pratiquant le désire, et la Vue pénétrante est une investigation de la nature réelle des phénomènes. Lorsque leur union est établie il n'y a plus de souci à se faire à propos de la souffrance provenant de la mutilation du corps. Au contraire, la méditation s'en trouve améliorée. Mais tant que cette fusion n'est pas effective notre application se détériore au point même d'abandonner l'intention d'aider les autres.

En cultivant la concentration de façon répétée, l'union entre le Calme mental et la Vue pénétrante, vous parviendrez à la perception directe de la vacuité, atteignant ainsi le Sentier de vision et la première des dix Terres de Bodhisattva. A ce stade la perfection du don est accomplie, et il est alors possible de donner toute chose sans se soucier de soi-même, sans endurer la moindre souffrance et sans espérer un gain quelconque. Des pensées telles que : "Ceci me fera mal", ou "Je ne puis accomplir cela" n'apparaîtront plus. Ce niveau est obtenu avec la perception directe de la vacuité, parce que vous voyez alors que les agrégats physiques et mentaux n'existent pas par eux-mêmes mais sous l'emprise d'actions contaminées et des distorsions. Ils constituent seulement le moyen d'assumer les souffrances de la naissance, de la vieillesse, de la maladie et de la mort, et ne possèdent aucun attribut bénéfique. Si quelqu'un en a besoin vous les offrirez sans aucun regret. Vous connaîtrez un jour par vous-même les grands bienfaits résultant de la connaissance directe de la vacuité.

Notre exercice du jour aura comme sujet **l'identification de l'objet à nier** en ce qui concerne la personne. Vous devez déterminer le sens de l'existence d'une personne établie par elle-même, existante par ses propres moyens, de manière inhérente, qui ne serait pas une simple désignation mais existerait de son propre chef. La méditation sur la vacuité elle-même est l'approfondissement de l'absence d'existence inhérente ou l'incapacité pour les phénomènes de s'établir par eux-mêmes.

Ainsi, aujourd'hui au début de la séance, réfléchissez à la nécessité d'engendrer une vue correcte réalisant le mode d'existence des personnes. Bien que la pensée de quitter définitivement le cycle des existences et l'esprit altruiste d'Eveil soient des voies principales, elles ne peuvent à elles seules conduire à la Bouddhéité. Elles ne permettent pas de rejeter les fausses conceptions qui doivent être abandonnées. Au commencement, prenez refuge, invitant les Trois Joyaux de vous accorder leur aide pour l'épanouissement de la vue correcte : "Je supplie les Bouddhas résidant dans les dix directions : aidez-moi à percevoir la vacuité ! Je méditerai sur la vacuité; je vous prie de me rendre capable de méditer sur la vacuité et de parvenir à sa réalisation ! Accordez-moi votre aide pour identifier l'objet à réfuter dans la théorie du non-soi !" Une vacuité est une négation de l'objet nié qui, en ce qui concerne la personne, est son existence inhérente. Par exemple, lorsque nous disons qu'un produit est impermanent nous affirmons qu'il est dénué de permanence. Similairement, lorsque nous parlons du non-soi de la personne nous nous référons à l'absence d'indépendance de la personne, au fait qu'elle n'a pas une existence indépendante. Peut-être pensez-vous que c'est perdre son temps de demander une aide en vue de réaliser la vacuité ? Ne vaudrait-il pas mieux s'appliquer directement à la connaître ? Ce n'est pas le cas ! Sa perception est extrêmement importante, et demander une aide dans ce but établit des prédispositions en l'esprit qui, même si elles ne se cristallisent pas en une cognition directe en cette vie, mûriront rapidement dans une vie future.

Mille Bouddhas apparaîtront dans cet éon et il est certain que lors de la venue de l'un deux, vous réaliserez directement la vacuité et atteindrez le rang d'un Bouddha. Ceci est clairement exprimé dans les Ecritures.

Aujourd'hui vous commencez par établir des prédispositions. Ensuite, avec une partie subtile de l'esprit, observez votre propre sens du "Je" comme si vous vous cachiez dans un coin pour cela, sans toutefois que votre vigilance envahisse totalement votre champ de conscience jusqu'à empêcher le (sens du) "Je" d'apparaître. Rappelez-vous un incident en lequel vous fûtes faussement accusé et où vous avez expérimenté à l'évidence ce "Je" injustement mis en cause, ou bien le soutien apporté par une personne et le sentiment très vivace du "Je" aidé en cette occasion. Cultivez ce sentiment. Examinez-le. Voyez à quoi il ressemble. Déterminez s'il paraît recouvrir un certain champ qui est sa base de désignation. Ceci est très important. Sans avoir développé un sentiment précis de l'existence inhérente qui est niée dans la théorie du non-soi, parler de la vacuité et de la méditation sur la vacuité est comme décocher une flèche sans savoir où se trouve la cible.

Je vous prie de méditer.

XII. NAGARJUNA

Vous êtes venus ici afin de réfléchir au mode d'existence réel des phénomènes. Tout d'abord, je vais vous dire quelques mots sur l'histoire de cet enseignement. Les quatre écoles philosophiques bouddhistes, c'est-à-dire, Vaibhasika, Sautrantika, Cittamatra et Madhyamika présentent toutes la vue correcte en référence à leur propre système.

La présentation supérieure et ultime parmi ces méthodes est celle des Madhyamika. Ce courant est divisé en Svatantrika et Prasangika Madhyamika. Parmi eux, le système principal exposé par le Bouddha est celui des Prasangika, et jusqu'à présent nous avons parlé de la vue correcte du point de vue de ces derniers. Le Bouddha établit cette école et Nagarjuna en fut le propagateur spécifique.

Laissez-moi vous conter en deux mots la vie de Nagarjuna. En cette période cosmique il y aura mille Bouddhas. Après la venue des trois premiers naquit notre maître, Sakyamuni. Son père était le roi Suddhodana. Sakyamuni résida dans la capitale du royaume jusqu'à l'âge de vingt-neuf ans. Il y prit femme, eut un enfant et il était destiné à succéder à son père. Au cours de ces années il acheva les études propres à sa charge, mais à l'âge de vingt-neuf ans il devint moine. Pendant six ans, et jusqu'au quinzième jour du quatrième mois de sa trente-cinquième année, il pratiqua l'ascèse. Ce jour-là il révéla la manière de devenir Bouddha.

Nous disons qu'il "révéla la manière" parce que selon l'enseignement Prasangika il avait déjà réalisé l'état de Bouddha bien des éons auparavant, et il ne fit qu'indiquer le chemin y conduisant.

Après son accomplissement il resta (7 fois) sept jours silencieux. Alors, le chef des dieux le supplia d'enseigner et il tourna la Première Roue de la Loi à Varanasi, le quatrième jour du sixième mois.

Il vécut jusqu'à l'âge de quatre-ving-un ans, tournant par trois fois la Roue de la Doctrine et établissant 84 000 groupes d'enseignements. Avant de quitter ce monde, le quinzième jour du quatrième mois, il proclama : "Parmi les disciples j'ai mûri ceux qui pouvaient l'être. Le temps de cette incarnation en tant que Bouddha est passé. Vous devez pratiquer. Je vais mourir."

Selon les Prasangika l'apparition du Bouddha dans cet univers et sa disparition furent révélées aux perceptions des disciples ordinaires à seule fin de leur montrer comment œuvrer. Son Illumination ne datait pas de cette vie. Il la réalisa bien des éons antérieurement et vint dans notre univers en tant que corps d'émanation supérieur. Ceci est la présentation des Prasangika.

Il se révéla ainsi aux élèves communs afin que ceux n'étant pas encore entrés dans les pratiques puissent voir qu'il s'était marié, avait eu un enfant, avait accompli toutes les actions mondaines pour ensuite développer le souhait de quitter le cycle des existences. Il montra la voie de l'Illumination pour que les gens puissent connaître la juste manière de s'exercer. Si telles ou telles conduites sont accomplies, telle ou telle illumination s'ensuivra. Une fois éveillé il n'y a plus aucune nécessité de mourir. Seuls les sens ordinaires perçoivent un tel acte.

Le Bouddha pensa que s'il demeurait, encore et encore, l'ascèse de ses disciples n'en serait pas stimulée. C'est ainsi qu'à l'âge de quatre-vingt-un ans il déclara :

"J'ai expliqué les activités nécessaires; à présent je vais mourir." A ce moment, ses disciples : les Auditeurs, Destructeurs de l'Ennemi, Bodhisattvas, Manjushri, Vajrapani et d'autres, se réunirent et formulèrent cette question : "Vous êtes sur le point de passer. Après votre mort, qui viendra pour soutenir et propager votre enseignement ? Et en quelle période cela se produira-t-il ?" Le Bouddha répondit : "Quatre cents ans après mon passage au-delà de la douleur un moine nommé Sriman naîtra à Vidharba dans le sud de l'Inde. Il sera également appelé "Naga". Il propagera ma Doctrine, soutenant mon véritable système. Il diffusera sans erreur la plus haute parmi les nombreuses présentations du Mahayana. Pour les êtres aux perceptions ordinaires il sera un bodhisattva de la première Terre, et il partira ensuite pour la Terre Pure Joyeuse. Plus tard, neuf cents ans après mon passage au-delà de la douleur, Asanga naîtra; il vivra cent cinquante ans, expliquera la pure Doctrine, rencontrera Maitreya et propagera dans le monde *les Cinq Traités* du Protecteur Maitreya."

Nagarjuna fut le propagateur de l'école philosophique Madhyamika et Asanga celui de l'école Cittamatra. Nagarjuna fut le plus grand des deux. Il vécut six cents ans et sa vie fut divisée en trois proclamations de la Doctrine. Pendant sa première période il devint moine à Nalanda et par la suite en tant qu'abbé supérieur il corrigea la discipline relâchée de nombreux moines.

Nalanda était un grand monastère de la grandeur d'une ville abritant 40 000 moines. Beaucoup plus tard les Musulmans envahirent l'Inde et le rasèrent pierre par pierre, tout comme les Chinois ont détruit le Bouddhisme au Tibet.

A l'époque de sa seconde proclamation, alors que Nagarjuna enseignait devant les 40 000 moines de Nalanda, il aperçut deux étrangers ressemblant à des humains qui se tenaient à distance et écoutaient. A la fin du discours, après que les moines se fussent dispersés, il s'approcha de l'endroit où les deux étrangers s'étaient tenus, et remarqua qu'un parfum agréable y subsistait. Plus tard, il vit qu'ils avaient dans leurs mains quelque chose semblable à de l'encens. Aussi un jour demanda-t-il que les deux étrangers lui soient présentés après l'enseignement. Ils vinrent, portant toujours leur encens, et à ses questions : "D'où venez-vous ? Quelle est cette odeur ?" ils répondirent : "Nous sommes des nagas (esprit-serpent); lorsque nous nous trouvons parmi des humains leur forte odeur nous rend malades, aussi portons-nous ces parfums pour éviter de tels inconvénients." - "Où se trouve votre pays ?" - "Il est à une très grande distance. Nous vous prions de nous y accompagner. Nous détenons des textes provenant des premiers Bouddhas, Krakucchanda, Kanakamuni et Kasyapa, et de l'Enseignant de cette époque Bouddha Sakyamuni. Nous avons le *"Sutra de la Perfection de Sagesse en 100 000 Stances"*. Lorsque le Mahayana connut des périodes de troubles ces textes furent mis à l'abri dans notre pays." Nagarjuna s'informa derechef : "Parmi les nombreux *Sutra de la Perfection de Sagesse* la version en *100 000 stances* n'est pas en notre possession. L'avez-vous vraiment ?" - "Nous la possédons. C'est une certitude."

Ainsi Nagarjuna se rendit au Pays des Nagas et prit connaissance des images et des textes des Bouddhas passés et des Sutras de la Perfection de Sagesse du Bouddha Sakyamuni en version abrégée, moyenne et détaillée. Il délivra des enseignements aux nagas qui lui offrirent en retour le *"Sutra de la Perfection de Sagesse en 100 000 Stances"* qu'il rapporta en Inde.

Pendant son absence chacun se demandait où pouvait bien se trouver le Protecteur Nagarjuna. Son retour en Inde à son lieu de naissance fut sa deuxième apparition à Vidharba, la première correspondant à sa naissance elle-même. Puisqu'il était resté absent si longtemps certains, de nos jours, pensent qu'il a dû exister un second Nagarjuna !

Son retour à Nalanda en possession des textes marque le début de sa seconde proclamation de la Doctrine, pendant laquelle il composa les *"Six Collections de Raisonnement"*, établissant la vacuité comme le mode ultime d'existence de tous les phénomènes et fondant ainsi le système Madhyamika.

Ultérieurement, il se rendit dans le continent du nord et revint à Vidharba une troisième fois. Il rapporta de sa quête l'ensemble des quatre textes servant de base aux explications données par Maitreya dans son ouvrage *"Ornement des Discours du Grand Véhicule"*.

Vers l'âge de six cents ans il résidait auprès du roi Satavahana à qui il avait adressé, bien avant, sa *"Précieuse Guirlande de Conseils au Roi"* et sa *"Lettre à un Ami"*. La reine n'avait pas permis à son fils de s'engager dans les études habituelles à son rang car le roi, ayant une forte relation karmique avec Nagarjuna, devait vivre aussi longtemps que lui. Aussi, la reine pensait-elle que le prince n'aurait jamais la possibilité de régner. Plusieurs compagnons du prince le conseillèrent en ces termes : "Si tu n'entreprends pas l'étude des devoirs d'un prince jamais tu ne pourras régner". Le garçon, très troublé, s'enquit auprès de sa mère d'un tel état de fait. Il réitéra sa demande à plusieurs reprises, mais la reine se contentait de le tranquilliser par ces mots : "Ne t'inquiète pas à ce sujet." Finalement, le prince s'irrita et dit à sa mère : "Je suis prince. Je dois devenir roi. Je suis ton enfant. Si je n'étudie pas, jamais je ne pourrai prendre en charge le royaume !" Alors, sa mère lui expliqua la relation karmique de son père avec Nagarjuna. Au cours d'une réunion il exposa la situation à ses amis de lignée royale. Ils se rendirent ensemble auprès du maître, se prosternèrent devant lui et le supplièrent de bien vouloir mourir. Et de nombreuses fois ils l'implorèrent : "Notre lignée royale s'épuisera si le prince ne succède pas à son père. Permettez-lui de devenir roi !" Nagarjuna possédait de nombreux pouvoirs spéciaux et pouvait vivre aussi longtemps qu'il le désirait, mais devant leurs supplications il s'interrogea sur la manière de les satisfaire. Réfléchissant à ses vies antérieures il se souvint d'avoir coupé un ver avec un brin d'herbe. Il dit alors au prince d'apporter un brin d'herbe et, muni de cette arme, celui-ci lui trancha la tête.

Tous les princes et membres royaux se réjouirent de sa mort et il est communément admis que cet événement marque le commencement du déclin du pouvoir monarchique en Inde.

C'est durant sa seconde proclamation de la Doctrine que Nagarjuna établit le système Madhyamika. Nous nous appuyons sur ses textes et sur ceux de son disciple Aryadeva. Nous nous basons également sur les œuvres de Candrakirti et Santideva, qui clarifièrent sa pensée. Buddhapalita écrivit un commentaire à son "*Traité Fondamental sur la Voie du Milieu*" que Bhavaviveka réfuta. A son tour, Candrakirti réfuta Bhavaviveka, soutint Buddhapalita et élucida le système Prasangika comme présentant le sens réel de la pensée de Nagarjuna.

Bhavaviveka était en vérité très érudit, mais dans son système Sautrantika-Svatantrika il affirma que les phénomènes, quoique dénués d'existence réelle, existent conventionnellement en eux-mêmes. Au contraire, selon la présentation Prasangika, si un phénomène existait de son propre côté, cela impliquerait obligatoirement son existence réelle. De ce point de vue le système de Bhavaviveka n'est pas ultime.

Si les phénomènes existaient objectivement ils ne seraient pas établis selon l'origine interdépendante. Ils ne dépendraient, pour leur existence, ni de causes ni de conditions ni même de leurs propres parties. Par exemple, des phénomènes tels que "ici" et "là-bas", la "rive proche" et la "rive opposée" d'une rivière, "vous" et "moi", existent uniquement en relation avec leur lieu respectif de dépendance. De ce côté de la rivière la rive est proche, mais de l'autre côté c'est l'autre rive qui est proche. La même chose est vraie des directions nord, sud, est, ouest. Aucune de ces directions n'existe par elle-même, de sa propre force. Toutes reposent pour leur désignation sur des causes spécifiques.

Pourquoi méditons-nous sur la vacuité ? Tous nos problèmes - naissance, vieillesse, maladies, mort, disputes, guerres, souffrance en dépendance de la chaleur ou du froid, la faim, l'indigestion et le vomissement provoqués par la surabondance de nourriture - proviennent des facteurs perturbateurs mentaux. Nos pérégrinations et errances dans le cycle des existences ont une racine, et si vous n'êtes pas capables de l'éliminer, vous ne pourrez pas créer le bonheur. Et même si vous faisiez quelques progrès ce serait comme gagner une guerre mais en avoir une autre à mener ! Afin de stopper le processus d'une telle ronde et la production de ce que l'on ne souhaite aucunement, il faut déraciner leur cause. Quelle est-elle ?

C'est l'ignorance, la racine du cycle des existences. Nagarjuna le comprit parfaitement. L'ignorance est la croyance que ce corps et cet esprit transitoires ont une existence inhérente en tant que "Je" et "mien". Le but principal de la méditation est de stopper la venue de ce que nous ne désirons pas. Et pour parvenir à arrêter l'intrusion du désagréable nous devons en éliminer la cause. Celle-ci une fois détruite : l'indésirable ne se produira plus. Nous nous appuyons sur le mode d'identification de la cause expliqué par Nagarjuna.

Considérer le corps et l'esprit transitoires comme un "Je" réel telle est la conception d'une existence inhérente en relation avec soi-même. Bien que concevoir l'existence inhérente d'autrui soit également une vue d'un soi de la personne, une telle conception n'est pas appelée "saisie d'un Je réel attribué à une collection transitoire", car ce terme ne s'applique qu'à la saisie d'une existence réelle de notre propre personne.

La vue attribuant une existence inhérente, comme "mien", à la collection transitoire (des agrégats) est la croyance que votre tête, votre corps et votre esprit existent bien réellement.

Lorsque ces deux vues (erronées) (relatives au corps et à l'esprit) seront annihilées, vous aurez laissé derrière vous toutes les souffrances du cycle des existences. Vous les aurez détruites. C'est ainsi !

Comment concevons-nous notre existence réelle ? Les bases de la désignation "Je" sont les formes, sensations, discriminations, formations volitionnelles et consciences, qui sont appelées les cinq agrégats. Le "Je" ou "personne" est le phénomène désigné en dépendance du corps et de l'esprit. En vérité, d'un point de vue nominal, ou conventionnel, le "Je" et les agrégats sont une seule entité, ceci est correct. Cependant, nous ne posons pas le "Je" comme existant de façon nominale ou relative. Nous considérons qu'il existe par lui-même.

Si le "Je", l'esprit, et le corps, existaient indépendamment, ils seraient **un ou différents.** Cette conclusion implique qu'un "Je", un corps et un esprit existant de façon inhérente seraient obligatoirement : soit une seule entité à l'existence inhérente, soit différentes entités à l'existence inhérente. Ceci est un point extrêmement important. Sans être parvenu à la décision que ces deux modes d'existence sont les seuls possibles, le raisonnement Madhyamika ne pourrait mener à une conclusion. Quel que soit l'objet considéré il ne peut exister qu'en tant qu'un ou plusieurs.

Une voiture et une maison sont des entités différentes, ou une voiture et une maison sont d'un seul genre. Il n'y a pas de troisième catégorie. Notons ici que notre sens inné de l'existence inhérente d'un "Je" ne conçoit pas explicitement le "Je" comme un avec l'esprit et le corps, ou comme différent d'eux.

Le présent mode de raisonnement nous permet de constater que si le "Je" existait de la manière dont il est imaginé par la saisie de la collection transitoire (des agrégats), il existerait nécessairement soit comme un avec l'esprit et le corps, soit comme différent d'eux.

La semaine dernière vous avez examiné l'objet nié dans la théorie du non-soi, c'est-à-dire un "Je" ayant une existence inhérente. Cette semaine, vous enquêtez sur les conditions impliquées obligatoirement par une telle existence. La raison de ces investigations est que l'ignorance est la cause de toutes les souffrances expérimentées en l'existence cyclique.

Dans la méditation d'aujourd'hui vous établissez tout d'abord clairement ce que vous avez l'intention d'entreprendre : "J'examinerai l'affirmation selon laquelle le "Je" n'existe pas de son propre chef et est seulement désigné par la pensée. O Trois Joyaux, je vous supplie de m'aider à développer la compréhension que si le "Je" existait comme il apparaît, c'est-à-dire de façon inhérente, il serait : soit un avec le corps et l'esprit, soit une entité entièrement différente d'eux."

XIII. LA PERSONNE, L'ESPRIT ET LE CORPS SONT-ILS UN OU DIFFERENTS ?

Dans la première étape de la méditation sur le non-soi vous découvrez une personne qui existe de manière inhérente, de par sa propre nature, de son propre côté, réellement, vraiment, qui existe recouvrant sa base de désignation, naturellement, qui est établie en et par elle-même, sans dépendre de la pensée.

Tous ces synonymes sont hypothétiques parce qu'en réalité la personne n'existe pas du tout de cette manière. Si le "Je" existait de manière inhérente, il ne dépendrait ni de causes et de conditions ni de sa propre base de désignation, mais de sa propre force. Toutefois, cette découverte reste à faire.

Dans la seconde partie de l'investigation vous avez déterminé que si la personne existait de la façon dont elle apparaît, elle serait forcément soit **une** avec l'esprit et le corps, soit **séparée** d'eux. Ce serait ainsi dans le cas où l'esprit et le corps existeraient (vraiment) ou la personne existerait (vraiment). Si leur existence était concrète on devrait pouvoir les trouver. Si la personne est une avec l'esprit il s'ensuit que, cherchant à cerner l'esprit - ou ayant une notion claire de ce qu'il est - vous cerneriez du même coup la personne. Ou bien, la personne étant une avec le corps ou une de ses parties, lorsque vous désigneriez le corps, ou une de ses parties, vous montreriez également la personne. Par contre, si elle était une entité séparée du corps et de l'esprit vous seriez alors en mesure de montrer l'esprit et le corps "ici" et la personne "là". Pas forcément dans des lieux différents, mais au moins susceptibles d'être trouvés séparément.

Est-il illogique d'affirmer que si la personne existait de la façon dont elle apparaît, avec tant de force, si concrètement, comme de son propre chef, elle devrait se manifester de plus en plus clairement lorsqu'on chercherait à la cerner ? Ne devrait-on pas également se trouver en présence de quelque chose qui, indéniablement, serait la personne ? C'est ainsi que la semaine passée vous avez déterminé qu'une personne existant telle qu'elle apparaît devrait être trouvable soit comme une avec l'esprit et le corps, soit comme une entité différente d'eux.

Considérons tout d'abord l'hypothèse selon laquelle, l'esprit et le corps, la base de désignation du "Je", et le "Je", l'objet désigné, sont **un.** Si la personne était identique à l'esprit et au corps, l'esprit et le corps étant deux, la personne serait deux. Ou bien, puisque la personne est une, l'esprit et le corps seraient un.

Prenons le problème sous un angle différent, celui des cinq agrégats : formes, sensations, discriminations, formations volitionnelles et consciences. Si la personne était une avec ces agrégats, comme ils sont cinq on devrait décompter cinq personnes. Ou, la personne étant unique, on arriverait à la conclusion absurde que les agrégats sont un. Elargissant ce type de raisonnement selon vos connaissances vous devriez parvenir à la ferme conclusion que les agrégats physiques et mentaux ne sont pas **un** avec le "Je".

Si le "Je" a une existence inhérente (n'étant pas **un** avec), la seule autre possibilité est qu'il soit **différent** de l'esprit et du corps. Dans ce cas, il devrait être appréhendable séparément d'eux. Dans la méditation, écartez tous les aspects momentanés physiques et mentaux (les agrégats) et voyez si le "Je" qui semble au départ posséder sa propre base, sa propre nature profonde, est identifiable hors le corps et l'esprit. L'observant ainsi vous ne le trouverez nulle part. Non seulement il n'est ni l'esprit ni le corps, mais n'est pas non plus séparé d'eux !

Lors de cet approfondissement cherchez-le patiemment pendant de nombreux mois en utilisant comme guide votre propre sens inné du "Je", et appliquez ces modes de raisonnement. Au cours de votre investigation vous développerez petit à petit un sens de plus en plus fort de l'impossibilité de localiser un "Je" concret et une vacuité apparaîtra en vous. Non pas une vacuité de néant, mais une vacuité qui est le contraire d'une existence inhérente.

Contredit-elle l'origine interdépendante ? Pas du tout ! L'origine interdépendante et la vacuité ne se contredisent pas. La production interdépendante est le signe que les phénomènes n'existent pas par eux-mêmes. Par exemple, l'orge, le riz et les choux croissent en dépendance de causes et de conditions. Ils n'apparaissent pas par leur propre nature. Pour sa production un effet dépend de sa cause et, en fait, une cause dépend aussi de son effet, car indépendamment elle ne pourrait être appelée cause.

Soi dépend d'autrui, autrui dépend de soi, ils n'existent pas de leurs propres forces. La rive opposée de la rivière dépend de la rive proche, et réciproquement. Elles n'existent pas de leur propre chef. La longueur existe en dépendance du court, la petitesse existe en dépendance de la grandeur. La grosseur dépend de la minceur, et inversement, ils n'existent pas de manière inhérente. Haut dépend de bas et bas de haut. Mâle de femelle et vice-versa. Ainsi, chaque phénomène dépend pour son existence de causes et de conditions, d'un autre phénomène ou de ses propres parties. Aucun n'est désigné indépendamment. Tel est le raisonnement supérieur de la production interdépendante. C'est le mode d'établissement, le mode d'existence des phénomènes. Si vous ne réalisez pas cela et si vous les appréhendez comme s'ils existaient par leur propre pouvoir, votre saisie erronée de la nature des objets agira comme la cause d'errance dans le cycle des existences.

Cette fausse conception est de deux types : acquise intellectuellement et innée. Celle acquise intellectuellement est issue de notre adhésion à des doctrines erronées. En référence à de tels systèmes on en vient à affirmer, sous le couvert des raisonnements tirés de leurs propres Ecritures, la fausse apparence d'une existence concrète. La fausse conception innée vient à l'existence en même temps que nous. Elle nous accompagne depuis des temps sans commencement, sans que des études soient nécessaires, ou que des affirmations manifestes telles que "Ceci existe de manière inhérente" viennent l'étayer. Nous acquiesçons au mode trompeur d'existence concrète des apparences phénoménales, considérant leur aspect comme vrai.

Prenons un exemple simple. Nous avons en notre continuum mental une fausse appréhension instinctive de la permanence. Quelle est-elle ? Il s'agit d'une conception erronée manifeste de la nature des choses agissant de telle façon que, peu importe notre âge, nous projetons sans cesse l'accomplissement d'activités diverses pour le lendemain, le surlendemain, les jours suivants ou l'année prochaine : "Je ferai ceci et cela". Bien que nous agissions sans penser explicitement : "Je suis permanent, je ne mourrai pas", nous faisons comme si notre base était permanente. L'analyse de cette situation nous permettra de comprendre instantanément ce qu'est l'impermanence. Apprenant le décès d'une personne nous pouvons en conclure notre propre mort à venir, et nous rendre compte que pas une personne au monde n'y échappe. Si quelqu'un nous demandait : "Est-ce que vous mourrez ?" vous acquiesceriez, "Bien entendu !" Mais habituellement, nous ne nous préoccupons que de nos vêtements, nos possessions, nos diverses activités, en planifiant l'ordre chronologique en lequel nous profiterons et jouirons de nos biens. Nous ne pensons pas un seul instant à notre fin. Certes, nous ne disons pas : "Je suis permanent, je suis permanent", mais notre façon de nous appréhender s'accorde avec une idée d'éternité appelée la conception innée de permanence.

Approfondissons ce sujet et nous constaterons des cas de bébés mourant dans la matrice, juste après la naissance, ou d'enfants disparaissant dans leur jeunesse bien avant leurs parents. Mais en l'absence d'analyse nous sommes convaincus de notre éternité. De la même manière, rencontrant quelqu'un après six ans d'éloignement nous nous exclamons : "C'est bien lui", sans prendre conscience de son changement instant après instant. Nous croyons voir le même individu. Similairement, regardant un objet personnel il est vu comme l'objet connu antérieurement. Cette tendance provient de la conception innée de permanence.

Exactement de la même manière notre sens inné de l'existence inhérente conçoit de façon erronée la nature du "Je" sans avoir besoin de la formuler avec des mots comme "existence inhérente et objective" ou "existence naturelle". Lorsque nous examinons et découvrons l'impermanence des personnes et des choses, nous les percevons alors différemment, et cessons de faire des projets basés sur notre immortalité. Pareillement, par l'examen et la découverte de l'absence d'existence inhérente des personnes, notre vision de nous-même et d'autrui sera différente. Le "Je" est-il la tête ? Est-il le corps ? Est-il l'estomac ? Vous découvrirez que ce sens concret d'un "Je" est sans fondement.

Il n'est pas possible d'affirmer qu'il est le corps, les sensations, les discriminations, les formations volitionnelles ou l'esprit. Beaucoup sont incapables d'accepter un "Je" simplement désigné en dépendance des agrégats physiques et mentaux et introuvable parmi ces agrégats. Ces personnes pensent qu'il s'agit là d'une attitude nihiliste. Elles ne peuvent comprendre la compatibilité entre cette impossiblité de trouver le "Je" par l'analyse et la production interdépendante. De leur point de vue ces deux aspects sont contradictoires. Elles estiment qu'un phénomène existant selon la production interdépendante devrait être localisable par l'analyse. C'est pourquoi les Cittamatras et les Svatantrikas enseignent que la recherche de la personne conduit finalement à la découverte d'un type de conscience subtile qui transmigre d'une existence à une autre et qui est le "Je".

Pour les Cittamatras de la tradition d'Asanga ce type de conscience est appelé "esprit base de tout". Pour les Cittamatras de la tradition de Dharmakirti, et pour les Svatantrikas, il s'agit d'une forme subtile de la conscience mentale. Ils savent que la personne n'est pas la conscience de l'œil, ni celles de l'ouïe, de l'odorat, du goût, du toucher, et que toutes ces consciences (grossières) ne forment que la base de désignation du "Je" temporaire. Ils savent également qu'à la mort le corps est porté au bûcher ou au cimetière et que ce n'est donc pas lui qui sera le récipient de la prochaine existence, et en concluent que l'esprit est la personne. Ils sont incapables de comprendre le mécanisme de la renaissance et de la causalité des actions lorsque la personne n'existe que par désignation.

Toutes ces vues sont des exemples de conceptions de l'existence réelle d'un "Je", acquises intellectuellement. L'hypothèse de base de ce genre d'argumentation est celle-ci : lorsque l'objet considéré - une personne désignée sur l'esprit et le corps, ou une table désignée sur ses parties - est cherché, il est trouvé soit comme l'une des nombreuses bases de désignation, comme dans le cas d'une personne, soit comme le composé des bases d'appellation comme dans le cas d'une table.

Ces doctrinaires affirment que la table est la collection des quatre pieds et d'un plateau, alors que les Prasangika font valoir que la collection des parties n'est que la base de la dénomination "table", mais n'est pas la table. Si la conscience était la personne, comme les personnes sont mâles et femelles, y a-t-il des consciences mâles et femelles ? Une conscience a-t-elle des parties génitales mâles et femelles ? Un esprit a-t-il des yeux ?

Dans le système Prasangika la personne est le "Je" juste nommé en dépendance de la collection des agrégats physiques et mentaux. Ce "Je" existant nominalement est conçu de manière erronée comme réel, concret et trouvable. Et, depuis des temps sans commencement jusqu'à ce jour, accumulant vertus et non-vertus les êtres naissent dans des états infernaux, en tant qu'esprits affamés ou animaux, comme humains ou dieux. La raison en est la fausse conception de la nature des choses. Sans considérer que les personnes et les autres phénomènes n'ont qu'une existence nominale dépendante, nous leur attribuons une existence indépendante. Par suite de cette mauvaise interprétation de leur mode d'être, nous prenons naissance dans le cycle. Cette erreur est à abandonner.

Comment éliminer la fausse conception d'une existence inhérente ? On n'y parvient pas en se contentant d'empêcher l'esprit de s'y livrer, mais en perdant effectivement la croyance en l'existence inhérente des choses. C'est à cet effet que nous examinons si le "Je" est le même ou différent du corps et de l'esprit.

Nous avons commencé par cultiver une idée claire de l'apparence et de la **conception d'une existence inhérente.** Ensuite, nous sommes parvenus à la conclusion que si le "Je" existait comme il apparaît il devrait être forcément soit **un** avec le corps et l'esprit, soit une entité **différente** d'eux. En analysant ces deux possibilités par des raisonnements appliqués pendant longtemps, nous arriverons à perdre notre croyance en un tel "Je" concret et trouvable, car s'il ne peut être découvert en l'esprit et en le corps, ou séparément d'eux, où pourriez-vous donc le localiser ? La conception d'une existence inhérente, tout comme celle de permanence, n'a aucune base.

Comme nous en sommes affligés depuis un temps sans commencement, une simple compréhension superficielle de l'absence d'existence inhérente n'est pas suffisante. Nous devons méditer, nous exercer à la réalisation de la vacuité d'une existence inhérente jusqu'à ce qu'elle apparaisse clairement à notre conscience. Non seulement la culture prolongée de cette approche vous libèrera du cycle des existences, mais elle vous donnera aussi la capacité d'en libérer d'autres êtres.

Afin de disposer d'une bonne intelligence lorsque vous méditez, travaillez ou êtes associés avec d'autres personnes, il est utile de supplier les Trois Joyaux. En particulier, il est recommandé d'invoquer Manjushri. Je vais vous expliquer comment opérer.

Tous les Bouddhas demeurant dans les dix directions - nord, sud, est, ouest, les quatre directions intermédiaires, le zénith et le nadir - sont doués de trois grandes qualités : sagesse, compassion et pouvoir. Manjushri est l'incarnation de toute la sagesse de tous les Bouddhas des dix directions. Avalokitesvara est la manifestation de toute la compassion de tous les Bouddhas des dix directions. Vajrapani est l'émanation de tout le pouvoir de tous les Bouddhas des dix directions. Ces trois divinités sont appelées les Trois Protecteurs des Trois Lignées. Manjushri étant l'incarnation de la sagesse des Bouddhas, toute nouvelle réalisation de sagesse par les bodhisattvas, leur entraînement dans les qualités supérieures de la voie, leur cognition de la vacuité, celle des trois principes de la voie, leur progression vers le rang de Bouddha et leur accomplissement du bien des disciples, sont tous des actes réalisés en dépendance de Manjushri. Lorsque Manjushri est loué, il est appelé le père des Vainqueurs. Notre Bouddha Sakyamuni, tous les Bouddhas du passé et ceux du futur ont accru et accroîtront leur intelligence, ont réalisé et réaliseront la Bouddhéité en le prenant comme support. Et pour nous, qui désirons atteindre une compréhension de la vue correcte, qui voulons réussir les études de cette vie et des futures et posséder une intelligence adéquate, le moyen d'y parvenir est la récitation de son mantra.

Il convient de faire précéder votre récitation par ces mots : "Hommage au maître et au protecteur Manjushri indissociables." Puis récitez son mantra : OM A RA PA TSA NA DI (phonétiquement : om a ra ba dza na di). L'heure du lever est particulièrement appropriée à sa récitation. Répétez-le autant que vous le pouvez, cent fois, vingt-et-une fois ou sept fois. Après avoir effectué votre récitation le nombre de fois que vous aviez déterminé, dites pour terminer : Om a ra pa tsa na di di di di di... en répétant le "di" final autant de fois qu'il vous est possible.

En récitant le mantra chaque jour sans interruption, au cours des années votre intelligence se développera considérablement. Ses effets vous deviendront manifestes. Dans le passé, les Mongols vivant en Russie, en Mongolie Extérieure et Intérieure, étaient experts dans la compréhension des Traités bouddhistes. Leur habileté provenait de ce mantra. Leur statut d'étudiant comprenait la récitation "Hommage au maître et au protecteur Manjushri, Om a ra pa tsa na di" après les cours et à l'heure du coucher. C'est une pratique extrêmement puissante pour développer l'intelligence.

Je vais maintenant vous accorder la transmission orale du mantra; répétez après moi :

Hommage au maître et au protecteur Manjushri indissociables
Om a ra pa tsa na di
Hommage au maître et au protecteur Manjushri indissociables
Om a ra pa tsa na di
Hommage au maître et au protecteur Manjushri indissociables
Om a ra pa tsa na di di di di di di di di...

Récitez-le au moins cent fois, vingt-et-une fois ou sept fois chaque jour sans interruption. Si vous pratiquez longtemps vous jouirez d'une grande intelligence, mais si la récitation est interrompue votre développement s'en ressentira. Chaque fois qu'il vous est difficile de saisir un sujet rendez hommage à Manjushri et récitez son mantra quelque temps. Vous comprendrez son influence et en ressentirez ses effets. Où que vous alliez dans le monde il y a des personnes intelligentes et d'autres qui ne le sont pas; pourtant, jadis l'Inde était la terre des panditas (érudits). La raison de cet état de fait se trouvait dans leur réalisation de Manjushri.

Lors de votre méditation du jour pensez : "Bien que depuis un temps sans commencement je m'imagine avoir une existence inhérente, je n'existe nullement ainsi. Afin d'aider tous les êtres dans les dix directions je vais analyser si le "Je" et sa base de désignation, l'esprit et le corps ou les cinq agrégats, sont **un** ou des entités **différentes."** A ce point, récitez le mantra de Manjushri, puis utilisez le raisonnement selon lequel le "Je" ne peux avoir d'existence inhérente une, ou différente, du corps et de l'esprit. En voyant l'inexistence d'un "Je" concret, vous comprendrez qu'il est une production conditionnée apparaissant par désignation en dépendance du corps et de l'esprit.

XIV. LA VACUITE N'EST PAS LE NEANT

Je vous ai jusqu'à présent expliqué la juste manière de raisonner en ce qui concerne les personnes. Je vais aujourd'hui enseigner le mode de méditation sur la **vacuité des phénomènes** autres que les personnes.

Deux types de méditants de la vue correcte sont à distinguer : ceux ayant atteint les Sentiers des Supérieurs et ceux ne les ayant pas atteints. Ces derniers sont des êtres ordinaires alors que ceux étant parvenus aux Sentiers de vision et de méditation sont des Supérieurs.

Si vous vous concentrez sur la vacuité sans avoir préalablement imprégné votre esprit de la signification du non-soi, votre activité ne pourra servir (véritablement) comme méditation sur la vacuité. Comment pourrait-on approfondir la vacuité sans avoir au préalable imprégné son esprit de sa signification ? Je vais vous donner brièvement quelques explications (supplémentaires).

Jadis, après que les enseignements du Bouddha eussent atteint le Tibet, une forme dégénérée du Bouddhisme fut propagée dans ce pays par un moine chinois nommé Ho Shang. C'est pourquoi le pandita indien Kamalasila fut invité pour débattre avec lui. Le maître de Kamalasila, Santiraksita, avait prédit qu'il serait nécessaire, après sa propre mort, d'appeler Kamalasila au Tibet. La raison donnée étant qu'un Chinois nommé Ho Shang disséminerait une méthode de méditation sur la vacuité en laquelle le yogi ne devait penser à rien. Ho Shang s'appuyait sur le fait que la Loi de cause et effet, etc., n'est pas existante, n'est pas inexistante, ni à la fois existante et inexistante et enfin pas moins inexistante que non non-inexistante (les 4 thèses réfutant l'unité).

Ainsi, sa méthode était de s'asseoir confortablement sans penser à quoi que ce soit. Pourquoi devait-on ne rien penser ? Ho Shang déclarait : "Un nuage blanc et un nuage noir cachent tous deux le soleil et, de la même manière, vertu et non-vertu, l'une comme l'autre, obstruent la réalisation de la réalité libre d'élaborations mentales." Les sources de son enseignement provenaient des Sutra, mais il n'avait pas compris leur juste application aux étapes de la voie.

Suivant la prédiction de Santiraksita, Kamalasila fut donc invité et débattit avec Ho Shang, le défit, et restaura l'enseignement orthodoxe du Bouddha au Pays des Neiges. Il est l'auteur des *"Trois Etapes de la Méditation"* un ouvrage très renommé au Tibet. Les règles de tels débats impliquaient que le vaincu devait quitter le pays, le système du vainqueur étant adopté par le pays tout entier. Ho-Shang partit, emportant tous ses biens à l'exception d'une chaussure et de quelques objets personnels !

Kamalasila analysa la situation ainsi créée et déclara que, bien qu'il ait démontré que le système de Ho Shang était contraire aux enseignements du Bouddha, des traces en subsisteraient. Ainsi, par la suite, s'il est certain que la Doctrine prospéra, cette méthode de méditation - c'est-à-dire ne penser à rien, ne pas penser à quoi que ce soit et seulement s'asseoir confortablement - se propagea, ça et là, à travers le Tibet et la Chine.

Toutefois, ne penser à rien et méditer sur la vacuité sont des actions contradictoires ! Cela signifie que pour nous, êtres ordinaires, il n'est pas possible de s'appliquer à la vacuité si une compréhension conceptuelle n'a pas été formée à son propos. Telle est la pensée de Kamalasila, de Nagarjuna et du Bouddha lui-même.

Nous devons distinguer la manière manifeste de se concentrer sur la vacuité d'un Supérieur et l'approche non-manifeste caractérisant un non-Supérieur. Qu'entend-on par manière manifeste ? Il s'agit d'une connaissance directe de la vacuité en laquelle la sagesse qui la connaît et la vacuité elle-même sont pareilles à de l'eau fraîche versée dans de l'eau fraîche, indissociables. C'est ce qu'on appelle le **plan d'établissement semblable à l'espace.**

Pour nous qui n'avons pas atteint le Sentier d'un Supérieur, la vacuité apparaît d'une manière non-manifeste. C'est-à-dire qu'une image générique apparaît à la pensée lorsqu'a été formée une compréhension à son propos. Qu'est-ce qu'une image générique ? Prenons un exemple : si vous fermez les yeux et songez à votre maison, son image vous apparaîtra. Ou, pensant à la ville de New York, une image de cette ville vient également à votre esprit qui ne sera pas issue de votre perception visuelle. Ou encore, évoquant le véhicule avec lequel vous êtes venu ici aujourd'hui, vous ne le verrez pas directement mais une image générique de cette voiture surgira en votre conscient. C'est par l'intermédiaire d'une telle image qu'une conscience inférentielle connaît la vacuité, puisque nous n'en avons pas encore une perception yogique directe.

L'accoutumance à un tel concept au moyen d'une représentation permettra finalement de la connaître directement, comme si nous la voyions de nos propres yeux. A ce stade, l'esprit connaissant la vacuité et la vacuité elle-même sont indissociables, comme l'eau versée dans de l'eau. Cette connaissance est indispensable. Cependant, comme nous débutons dans cette méditation, nous devons développer une compréhension conceptuelle.

Dans le système Prasangika deux vacuités subtiles sont présentées : celles des personnes et des autres phénomènes. Au cours du dernier enseignement je vous ai présenté la première. Aujourd'hui je vous entretiens de la vacuité subtile des autres phénomènes.

Lorsque nous parlons de la vacuité de la personne nous nous référons à son absence d'existence inhérente, à son absence d'existence réelle. Et lorsque nous parlons de la vacuité des phénomènes nous nous référons aux phénomènes issus de la division de toutes choses (existantes) en "personnes" et "phénomènes". Nous avons à l'esprit la vacuité, ou l'absence d'existence inhérente, ou réelle, des phénomènes autres que les personnes.

Parmi ces phénomènes, les principaux sont les agrégats des formes, sensations, discriminations, formations volitionnelles et des consciences, les bases de désignation d'une personne. Lorsqu'il s'agit des cinq agrégats d'une vache nous avons la base de désignation d'une vache. Et, à la vision de la forme d'une vache, vous pensez : "Voilà une vache !" Il est certain que voir la forme ou le corps d'une vache fonctionne en tant que vision d'une vache; toutefois, la forme d'une vache n'est pas une vache. Il en est exactement de même pour les humains.

Aujourd'hui, au lieu de nous référer aux cinq agrégats, divisons plutôt la base de désignation d'une personne en ses six constituants. Ce sont : les quatre éléments - terre, eau, feu, air, l'espace et la conscience. Tous les êtres ayant une forme sont une combinaison de ces six constituants.

L'élément terre ne signifie pas uniquement la terre mais se réfère aussi à toutes les substances dures du corps, os, cheveux, ongles, peau, etc. L'élément eau comprend les liquides du corps, sang, pus, urine, etc. L'élément feu se rapporte à la chaleur du corps. Et l'élément air aux cinq types de courant d'énergie, c'est-à-dire l'air soutenant la vie, l'air tout imprégnant, l'air éjectant vers le bas, l'air se mouvant vers le haut et l'air stabilisant la chaleur. Lorsque ces quatre éléments et leurs potentiels respectifs sont équilibrés votre corps est en bonne santé; lorsqu'ils sont en déséquilibre la maladie s'instaure.

Si l'élément terre prédomine il est alors difficile de mouvoir le corps, de se déplacer, de se lever, etc. Lorsque l'élément eau prédomine l'eau s'accumule et la mort survient rapidement si des médicaments ne sont pas absorbés. L'élément feu prédominant entraîne la fièvre et ses complications. L'élément air prédominant provoque l'agitation et l'anxiété. Tant que ces quatre éléments sont en harmonie il est facile de se déplacer, de maintenir une température égale, ni faible ni excessive, et de demeurer mentalement équilibré.

Le constituant "espace" n'est pas le non-produit espace, c'est-à-dire la simple absence d'obstruction, mais les cavités, les parties vides du corps, les passages de l'œsophage, des intestins, etc.

Le constituant "conscience" est composé des six consciences, visuelle, auditive, olfactive, gustative, tactile et mentale. Cette dernière est la principale. Vous devez, graduellement et pendant longtemps, vous appliquer à identifier avec soin ces six consciences en votre propre continuum. Elles sont les bases de désignation d'une personne mais ne sont pas la personne. Seuls les systèmes inférieurs affirment qu'une conscience est la personne, soit en tant que forme subtile de la conscience mentale, soit comme esprit base de tout. Ces systèmes estiment que l'esprit voyage dans le cycle des existences depuis un temps sans commencement, assumant et rejetant sans cesse des agrégats physiques et mentaux. Ainsi, pour eux, la personne est l'esprit.

Cependant, dans le système ultime des Prasangika l'esprit est également une base de désignation d'une personne mais n'est en aucun cas la personne elle-même. Sinon, comme expliqué plus haut, on trouverait plusieurs personnes.

Prenez les six constituants comme base de votre réflexion, et engagez-vous dans la méditation ayant pour objet leur vacuité, leur absence d'existence indépendante. Ceci est rendu nécessaire, car depuis un temps sans commencement la fausse conception de la nature des phénomènes nous contraint d'errer dans le cycle des existences et d'y subir sans répit les souffrances de la naissance, de la vieillesse, de la maladie et de la mort en tant qu'êtres des enfers, esprits affamés, animaux, humains, demi-dieux et dieux, étudiant puis oubliant tout, cédant à la colère, et nouant des relations amicales. Ce processus sans fin est dû à l'erreur d'attribuer aux phénomènes un mode d'existence dont ils sont dépourvus.

En étudiant la vacuité d'un tel mode d'existence, la racine de l'errance dans le cycle sera, peu à peu, totalement détruite. Ceci parce que la conception de l'existence réelle des personnes et des phénomènes est sa source. C'est l'ignorance fondamentale donnant lieu à tous les autres types de confusion, désir et haine. La méditation sur la vacuité s'oppose à ce mode d'appréhension erroné des phénomènes et conduit à la réalisation que la conception de l'existence inhérente est une conscience maligne.

Si vous méditez sur la vacuité des six constituants avec l'aspiration d'atteindre l'Eveil suprême pour le bien de tous les êtres vous atteindrez le rang d'un Bouddha. Si telle n'est pas votre motivation vous obtiendrez uniquement la libération du cycle des existences. Dans les deux cas votre pratique sera une union de la Sagesse et de la Méthode. La culture de la sagesse connaissant la vacuité doit être menée de front avec la force d'une motivation qui sera soit l'obtention de la Bouddhéité pour le bien de tous les êtres, soit celle de la libération pour soi-même de la ronde des naissances. Dans notre cas nous pratiquons avec la motivation propre au Mahayana, et nous nous engageons dans la méditation sur la vacuité des six constituants, non seulement pour nous libérer du cycle, mais pour réaliser l'Eveil suprême, celui d'un Bouddha, dans le but d'acquérir la capacité d'établir en le même état chacun des êtres résidant dans les dix directions.

Comme dans les séances précédentes, réfléchissez à l'absence d'existence inhérente des six constituants en analysant si chacun de ces six constituants est le **même** ou est **différent** de sa base de désignation. Tout d'abord, établissez en votre continuum mental une claire notion de l'existence inhérente de la terre, de l'eau, du feu, de l'air, de l'espace et de la conscience. Vous pourriez, par exemple, identifier l'apparence d'un squelette concret et trouvable. Ensuite, cernez ce qui sert de base à la désignation "squelette". Un squelette est composé de nombreux os, et la collection de ces os est la base de la désignation "squelette". Ou alors, examinez l'esprit, composé des six types de conscience : celles de l'œil, de l'oreille, du nez, de la langue, du corps, et de la conscience mentale. Les bases de l'appellation "esprit" sont donc six. Ou bien encore, considérez un moment de la conscience mentale. Quelle est sa base de désignation ? Un moment de conscience peut être divisé en trois parties : début, milieu et fin. Ces trois parties constituent la base d'imputation d'un moment de conscience.

Ensuite, rendez-vous compte que si ces phénomènes désignés existaient concrètement et de manière inhérente comme ils semblent le faire, ils seraient, soit **un** avec, soit **différents** de leurs bases d'appellation. Le squelette est-il pareil à chacun de ses os ? Non, car chaque personne serait alors dotée de plusieurs squelettes, ou il ne serait formé que d'un seul os ! L'esprit est-il pareil aux six consciences ? Non, car dans ce cas il serait six ! Il est vrai que, d'un certain point de vue, il y a six esprits, mais nous cherchons ici à déterminer l'esprit en général, son sens concret qui nous apparaît en premier lieu. Un moment de conscience est-il un avec son début, son milieu, sa fin ? Si la réponse est affirmative on se trouve alors en présence de trois moments de conscience, et si elle est négative ce moment est sans parties...

Analysez à présent si le phénomène désigné est différent de sa base de désignation. Enlevez un à un tous les os d'un squelette et voyez si vous pouvez trouver le squelette. Otez les six consciences et tentez de découvrir l'esprit. Supprimez le début, le milieu et la fin d'un moment de conscience et tâchez de trouver ce moment de conscience. Ces raisonnements doivent vous mener à la compréhension que squelette, esprit et moment de conscience n'existent pas tels qu'ils apparaissent, et vous devez tenter de surmonter votre croyance en cette apparence concrète.

Ces raisons ne sont pas avancées dans le seul but de parvenir à une décision superficielle. Nous avons commencé par déterminer la cible : notre propre sens d'un objet très concret sur lequel nous fondons notre désir et notre haine. Ainsi, le but même de cette analyse en quatre étapes est de comprendre et de demeurer en l'état d'esprit capable de connaître le manque de base objective des phénomènes, même s'ils paraissent si tangibles.

Pareil au magicien observant ses propres réactions sans y croire, nous ne devons pas acquiescer à ces fausses apparences. En nous accoutumant à la vacuité à l'occasion de l'établissement égal **semblable à l'espace,** graduellement nous parviendrons à surmonter à la fois la conception qui donne son assentiment aux apparences trompeuses et les fausses apparences elles-mêmes. Cultivez ceci en concentration et, un jour, vous comprendrez que squelette, esprit et moment de conscience sont des productions interdépendantes. Un squelette apparaît en dépendance de ses os; l'esprit apparaît en dépendance des six consciences; un moment de conscience apparaît en dépendance de son début, de son milieu et de sa fin. Dans ce contexte "apparaître" ne signifie pas seulement être produit, mais "exister". Un squelette existe par désignation en dépendance de ses os; l'esprit existe par désignation en dépendance des six consciences; et un moment de conscience existe par désignation en dépendance de son début, milieu et fin. Ainsi, la vacuité et l'origine interdépendante sont compatibles. La compréhension de l'une aide à comprendre l'autre.

Commencez à méditer sur la vacuité des six constituants, passant brièvement en revue les **quatre essentiels** en quatre séances journalières. Demandez l'aide des Trois Joyaux afin de réaliser l'absence de contradiction entre la vacuité et l'origine interdépendante.

XV. LE PRATIQUANT SUPREME

Je vais aujourd'hui vous résumer toute la voie des pratiques religieuses.

A l'intérieur des systèmes bouddhistes on distingue trois voies : petite, moyenne et grande. Les pratiquants sont aussi divisés en trois catégories selon leur petite, moyenne ou grande capacité.

Les êtres de motivation inférieure sont eux-mêmes de trois types : petit, moyen et grand. Les plus petits parmi ceux de motivation inférieure n'entreprennent aucune pratique religieuse mais recherchent seulement le bonheur de cette vie. Qui sont-ils ? Il s'agit des êtres des enfers, des esprits affamés et des animaux, et de tous les humains concernés uniquement par les plaisirs de cette existence. Ils ne prennent pas refuge et n'ont aucune activité religieuse. Ils ne s'intéressent qu'à la nourriture, la boisson et les biens de cette seule vie, et à ce titre sont pareils aux insectes.

Un être de moyenne capacité parmi les petits s'engage à la fois dans des conduites religieuses et non-religieuses afin de réaliser le bonheur de cette vie. Il étudie, pratique, travaille en usine et peut même faire la guerre. Son expérience religieuse est intermittente. Cependant, sa motivation visant simplement le bonheur dans cette vie ne peut faire fonction d'un acte religieux (véritable).

Un être de grande capacité parmi les petits ne recherche pas principalement les buts existentiels mais prend conscience que, quelle que soit la durée de sa vie actuelle, il devra mourir et pourrait bien renaître dans un état infernal, comme esprit avide ou animal. Il s'engage donc principalement dans des pratiques religieuses afin d'obtenir une renaissance heureuse humaine ou céleste, conscient et effrayé par les souffrances propres aux trois migrations infortunées. Bien qu'il agisse pour le bien de cette vie ce n'est pas son activité principale. Craignant les tourments des états douloureux et confiant en le pouvoir de protection des Trois Joyaux, il prend refuge en eux, écoute la Doctrine, l'affermit en sa pensée, et médite en vue d'obtenir une future renaissance humaine ou divine.

Un être de capacité moyenne n'est pas exclusivement concerné par sa prochaine renaissance. Il aspire à se libérer de la ronde incessante des naissances, vieillesses, maladies et morts liées aux actions contaminées et aux facteurs perturbateurs dans les trois mondes - du Désir, de la Forme et du Sans-Forme - s'exerce à la Doctrine dans le but d'obtenir la libération du cycle des existences et la félicité de l'extinction de la souffrance, c'est-à-dire, le rang de Destructeur de l'ennemi.

Les êtres de cette catégorie sont des Auditeurs et des Réalisateurs solitaires aspirant uniquement à leur bien personnel sans se préoccuper ni de leurs propres parents ni d'autrui. Ils cherchent à expérimenter la paix pour eux-mêmes ayant compris que la seule obtention d'un rang humain ou céleste dans la prochaine vie ne les met pas à l'abri de renaissance dans le cycle et même de migrations douloureuses. Ils s'efforcent à l'écoute de la Doctrine, à la réflexion, afin d'en approfondir leur compréhension, puis à la méditation pour se libérer du processus entier du cycle des existences.

Un être de grande capacité ne s'arrête pas à ce stade. Conscient de sa triste condition cyclique il élargit sa compréhension à celle de tous les êtres des dix régions de l'espace, percevant que la douleur n'est pas souhaitable pour eux non plus. Il réfléchit ainsi : "Bien que cette vie puisse procurer de grandes jouissances, au moment de la mort seule la pratique sera utile. Je devrai alors quitter toutes mes possessions, terres, or, argent, etc. Je ne pourrai emmener ni mes proches, ni mes amis, ni bien sûr mon propre corps. Laissant tout cela, je devrai partir seul. De la même manière, chaque être dans les dix directions doit partir seul. Je dois me libérer du cycle des existences mais, même si j'y parvenais, tous ces êtres continueraient de supporter cette grande calamité."

Alors, plutôt que de s'établir sur la voie d'un individu de capacité moyenne, il cultive celle d'un être de motivation supérieure. "Mes ennemis ne sont tels que dans le cours de cette vie. Dans une existence antérieure ils furent mes propres parents et à l'instar de mes parents actuels, firent preuve d'une grande bonté à mon égard. Même s'ils agissent présentement en adversaires, dans le futur ils deviendront de nouveau mes parents, me témoigneront de l'amour et me protègeront. Ma mère, mon père et mes amis présents sont, en vérité, très bienveillants pour moi, mais lorsque je prends en considération la bonté de tous les êtres au cours des vies passées, je vois que tous sont pareillement bienveillants. Il ne convient pas qu'ils ne puissent jouir du bonheur et qu'ils ne soient pas libérés de la souffrance."

C'est ainsi qu'un tel pratiquant progresse sur la voie jusqu'au stade de l'individu supérieur. Pareil au prisonnier dont l'exécution est proche, il aspire à la délivrance de la misérable condition du cycle des existences. Ensuite, appliquant sa compréhension aux tourments de tous les êtres et réalisant l'égalité entre tous, il développe une équanimité qui est la liberté du désir, de la haine (et de l'indifférence) éprouvés envers les amis, les ennemis et les étrangers.

Ceci accompli, il ne demeure pas dans une neutralité ignorante, désertant et abandonnant autrui, mais il prend conscience que chaque être fut sa propre mère dans le passé et le sera dans le futur et réfléchit à leur bonté : "Tous me témoignèrent une grande bonté. Tout d'abord, je fus formé dans leur matrice et j'en émergeais nu comme un ver. Ils me nourrirent, veillèrent sur moi, m'habillèrent, m'apprirent à marcher, à manger, à étudier, à vivre. S'ils n'avaient pas été mes parents je n'aurais pas su parler, je serais resté comme un animal, doté seulement de l'apparence humaine." Par la suite, la simple vision d'un insecte le fait réfléchir ainsi : "Hormis le fait qu'il soit présentement un insecte, cet être fut antérieurement ma mère bienveillante."

Le pratiquant supérieur engendre alors l'intention de les payer de retour pour leur bonté. C'est l'amour par lequel il souhaite que les êtres possèdent le bonheur et ses causes, et la compassion au moyen de laquelle il aspire à ce qu'ils soient libérés de la souffrance et de ses causes.

Il cultive ensuite l'attitude exceptionnelle, en pensant : "Je prends sur moi la responsabilité d'établir tous les êtres des dix directions - illustrés en cette existence par mes propres parents - dans le bonheur et ses causes, et de les délivrer de la souffrance et de ses causes. Je suis incapable actuellement d'un tel accomplissement, c'est pourquoi il me faut atteindre le rang d'un Bouddha."

Ceci est la production d'un esprit altruiste d'Eveil. "Il ne serait pas convenable de ne pas développer le pouvoir d'aider tous les êtres à accéder au bonheur et à se libérer de la souffrance. A cet effet, je réaliserai le rang d'un Bouddha, puis j'élèverai tous les êtres à cet état." Avec une telle motivation il s'engage dans les six perfections, cultive la vue juste et réalise la nature de tous les phénomènes et des personnes.

Telle est la conduite d'un pratiquant supérieur. Vous voyez ainsi que le Bouddhisme comporte trois types d'action : Ceux qui suivent le niveau inférieur visent à éviter les trois renaissances douloureuses et à obtenir un statut heureux; ceux de niveau intermédiaire aspirent à la réalisation du bonheur de la libération et, enfin, ceux de niveau supérieur cherchent à établir tous les êtres en la Bouddhéité.

Toutes les observances bouddhiques sont inclues dans ces trois types de motivation. Il n'en existe aucune autre. Lors de la seconde propagation de la Doctrine le pandita indien Atisa fut invité au Tibet et y enseigna ces trois niveaux. En une certaine occasion, plusieurs tibétains le visitèrent et demandèrent : "Si nous nous exerçons en vue du bonheur de cette vie, quel en sera le profit ?" Et Atisa répondit : "Un engagement limité à cette seule vie résulte en une renaissance dans un enfer, comme esprit avide ou animal." Aussi, votre écoute, votre réflexion et votre méditation devraient viser quelque chose de plus vaste que cette seule existence car la mort est certaine et le moment de la mort indéterminé.

Jamais personne n'est parvenu à rester en vie plus de cent et quelques années. A l'heure de la mort, après que la chaleur vitale ait reflué depuis les extrémités du corps, la respiration extérieure, puis la respiration intérieure, cessent, et la conscience quitte le corps. En cas de renaissance défavorable les extrémités supérieures se refroidissent en premier, et la conscience quitte le corps par les parties inférieures. Et même les personnes ne souffrant pas en temps normal de maladies éprouvent à ce moment de grandes douleurs. Dans les cas de migrations heureuses les extrémités inférieures se refroidissent en premier et la conscience quitte le corps par les parties supérieures. A l'heure de la mort notre pratique antérieure sera seule utile.

L'entrée dans le Dharma est la prise de refuge et celle donnant accès au Mahayana est la production d'un esprit altruiste dirigé vers l'Illumination. Deux causes président au refuge d'un être de capacité supérieure.

Premièrement, il se préoccupe de l'existence cyclique en général puis de la paix solitaire, des obstructions à la libération et à l'omniscience, les quatre conditions défavorables dont sont affligés tous les êtres. L'existence cyclique ce sont les renaissances, vieillesse, maladies et morts répétées dans les six migrations. La paix solitaire est la simple félicité de l'extinction de la souffrance, en l'absence du perfectionnement de soi-même en vue du bien d'autrui. Les obstructions à la libération sont la conception d'une existence inhérente et le désir, la haine et la confusion qui en découlent. Les obstructions à l'omniscience sont la fausse apparence d'existence inhérente des phénomènes et l'incapacité de connaître directement et simultanément la vacuité et les existants qualifiés par elle.

Un être de grande capacité se soucie de ces quatre erreurs imprégnant tous les êtres et (deuxièmement) il a la certitude que les Trois Joyaux - Bouddha, sa Doctrine et la Communauté Spirituelle - ont le pouvoir de les en protéger.

Ainsi, la préoccupation relative aux quatre erreurs et la croyance que les Trois Joyaux ont le pouvoir d'en protéger les êtres, sont les deux causes préalables à la prise de refuge d'un individu de motivation supérieure.

L'esprit altruiste d'Eveil, porte du Mahayana, est le souhait de réaliser l'état de Bouddha afin de libérer tous les êtres de la souffrance et de les établir dans le bonheur et ses causes. Toutes les fois que vous vous engagez dans l'écoute, la contemplation ou la méditation - que votre objet soit l'amour, la compassion, l'impermanence, la vacuité ou la pensée de quitter définitivement l'existence cyclique - votre motivation devrait être l'esprit altruiste d'Eveil. C'est doté d'une telle attitude que vous demanderez l'aide des Trois Joyaux.

Cet enseignement sur l'esprit d'Eveil issu de l'amour et de la compassion est très rare de nos jours. Il est presque entièrement perdu en Asie. Il n'est plus présent ni en Chine ni au Tibet, demeure quelque peu au Japon et a été réintroduit en Inde par suite de la venue des réfugiés tibétains.

Mille Bouddhas apparaîtront en cet éon; le quatrième fut, le Bouddha Sakyamuni et le cinquième sera Maitreya. Il est dit que ceux qui écoutent, contemplent et méditent les discours spécifiques du Bouddha (Sakyamuni) parviendront à l'Illumination au cours de cet éon. Le Bouddha a prophétisé que deux mille cinq cents ans après sa mort son enseignement gagnerait le pays des hommes aux visages rouges. Je ne cherche pas à vous tromper en disant que vous me paraissez tous des personnes de grand mérite pareilles à celles promises à l'Eveil en cet éon, selon la prophétie du Bouddha.

N'omettez pas de dédier au bien de tous les êtres chaque action vertueuse accomplie par l'audition, la réflexion et la méditation, ou par l'exercice du don, de l'éthique et de la patience. Sinon le mérite accumulé sera perdu en un seul mouvement de colère. Dédiez-le au bien de chaque être dans les dix directions. Alors, cette goutte de pouvoir méritoire se trouvera mêlée à un grand océan et ne pourra s'évaporer avant votre obtention de la Bouddhéité.

Même si vous ne vous concentrez sur rien d'autre, cultivez au moins cette aspiration à la Bouddhéité en vue de la libération de tous les êtres de la souffrance et de ses causes, et de leur établissement dans le bonheur et ses causes.

Il est certain que vous devez vous soucier de l'existence présente, mais ceci ne devrait pas constituer votre principale activité, car cette vie se terminera rapidement. Sur ce point, ne tombez pas dans l'erreur, bien qu'il soit erroné de s'engager dans des pratiques religieuses pour le seul bien de cette vie, il convient de cultiver le souhait que tous les peuples du monde atteignent le confort et le bonheur dans cette existence même.

L'objet de notre méditation, aujourd'hui, sera la pensée suivante : "Afin d'établir tous les êtres -amis, ennemis et étrangers - en la félicité de la Bouddhéité, je vais m'engager dans l'écoute, la contemplation et la méditation en vue de l'obtention de l'état de parfait Bouddha. En tant que Bouddha, j'aiderai chacun à atteindre ce rang. A cette fin je vais méditer sur les trois principaux aspects de la voie, à savoir : la pensée de quitter définitivement l'existence cyclique, l'aspiration altruiste à l'Eveil suprême pour le bien de tous, et la juste vue de la vacuité - le mode d'existence de toute chose." Si les effets bénéfiques de tels recueillements prenaient forme, l'univers entier ne pourrait les contenir.

Avez-vous quelques questions à poser ?

Q. - Puisque nous cherchons à éliminer la souffrance des êtres, pourquoi devrions-nous être concernés par ceux qui suivent une voie menant à la paix solitaire ?

R. - L'obtention de la paix solitaire est un état extrêmement plaisant car les souffrances du cycle des existences sont éteintes. Sans apporter d'aide aux êtres - illustrés en cette vie par nos propres parents, nous ne faisons que demeurer en félicité pendant des éons, à tel point que nos ongles finissent par encercler notre corps. Les Bouddhas réveillent une telle personne par ces paroles : "Non seulement vous n'accomplissez pas le bien d'autrui, mais vous n'avez pas non plus parachevé votre propre bien. Il vous faut engendrer l'aspiration à l'Eveil suprême".

Ainsi, un Destructeur de l'ennemi accèdera au Grand Véhicule par le Sentier d'accumulation tandis que s'il avait élargi sa compréhension de la souffrance aux autres êtres et développé l'amour et la compassion alors qu'il était encore un individu de moyenne capacité, il ne lui aurait pas fallu si longtemps pour atteindre l'état de Bouddha. Parmi les diverses sortes de yogi, ce Destructeur de l'ennemi est de faible qualité, mais comparé aux non-pratiquants il est supérieur en ce qu'il se libère du cycle. Il n'en demeure pas moins qu'il n'est d'aucun secours à ses amis qui l'ont tant aidé au cours de la continuité des existences.

Q. - Un enseignant peut-il transmettre sa réalisation de la vacuité à quelqu'un ?

R. - Notre Maître dit :

"Les Bouddhas ne peuvent ni laver les erreurs avec de l'eau ni éliminer les souffrances des êtres avec leurs mains ni transmettre leurs propres réalisations à d'autres. Les êtres sont libérés par l'enseignement de la vérité, la nature des choses."

Les Bouddhas n'éliminent pas la souffrance avec leurs mains ni ne lavent les actes nuisibles avec de l'eau. Ils ne peuvent transférer les accomplissements de leur propre courant de conscience en d'autres. Ils libèrent les êtres uniquement par l'enseignement des voies de libération, c'est-à-dire, ce qui est à adopter et ce qui est à rejeter, ce qui est bénéfique et ce qui est nuisible. La libération dépend de votre pratique personnelle.

MEDITATIONS DU MAITRE TIBETAIN KENSUR LEKDEN

NOTES

1) **Svarasvati** ou Sarasvati (Yangchenma), déesse des lettrés, associée tardivement à la forme tantrique de Manjushri, l'aspect paisible de la sagesse des Bouddhas.

2) Samadhi : Méditation profonde, concentration en un seul point. "Dharma en vertu duquel la pensée, en série ininterrompue, demeure sur un objet" Abhidharmakosa de Vasubandhu." C'est la fixation unificatrice de l'esprit sur l'objet à examiner. Sa fonction consiste à donner une base à la connaissance "Abhidharmasamuccaya d'Asanga (W. Rahula, Paris, 1971).

(3) **Vairocana :** (Nam par nang dré) Celui qui illumine. Un des cinq vainqueurs (Jina) associés à la purification des cinq agrégats dans les pratiques tantriques.

4) **Avolokiteshvara :** (Chenrezig). Incarnation de la compassion de tous les Bouddhas. Sa forme interprétative n'est pas seulement celle d'une divinité de méditation (Yidam) mais peut apparaître, par exemple, sous l'apparence du Dalaï Lama.

5) Auditeurs (Sravaka) : Ceux qui suivent une voie personnelle selon une motivation hinayaniste. A l'inverse des pratekyabouddha second groupe des disciples du Petit Véhicule qui apparaissent dans le monde en l'absence de la Doctrine, ils dépendent d'un maître pour leur cheminement.

6) Destructeur de l'ennemi (Arhat) : qualifie celui ayant complété la voie selon le Hinayana il s'agit de la destruction des hallucinations que représentent l'attachement, la haine, l'ignorance; et selon le Mahayana de l'obtention de la bouddhéité.

7) Supérieur : (Arya). Celui qui par la compréhension de la vacuité atteint un stade de réalisation très élevé. "Avec la vision de la vérité on ne produit plus d'acte introducteur" Vasubandhu.

8) Obstruction à l'omniscience (Jneyavarana). Deuxième voile, celui de l'erreur instinctive. C'est la prédisposition établie par la conception d'une existence inhérente. Elle rend incapable de connaître les vérités conventionnelle et ultime directement et simultanément.

9) Les douze facteurs de la production interdépendante (pratitya Samutpada): il s'agit de l'explication de l'enchaînement selon la loi de causalité des modalités de la venue cyclique à l'existence. Les chaînons sont : L'ignorance, les formations volitionnelles, la conscience, le nom et la forme, les six sphères ou bases d'activité, le contact, la sensation, le désir, l'appropriation, le devenir ou existence, la naissance, la vieillesse et la mort.

10) Cessation : Correspond à l'absence définitive des actions erronées et des prédispositions latentes à l'errance cyclique. C'est la réalisation de la troisième des Quatre Nobles Vérités.

11) **Cittamatra :** Philosophe bouddhiste affirmant que les phénomènes sont de la même nature que l'esprit et qu'ils apparaissent comme extérieurs par ignorance.

12) **Madhyamika :** Celui qui se tient au milieu entre les extrêmes de matérialisme et de nihilisme. Philosophe bouddhiste affirmant la non-existence inhérente des phénomènes. Ce courant se divise en deux tendances : Svatantrika et Prasangika.
Le Svatantrika-Madhyamika affirme le manque d'existence inhérente mais dit que les phénomènes existent de leur propre nature conventionnellement.

13) **Prasangika-Madhyamika :** Il affirme la vue du non-soi. Les phénomènes n'existent pas de leur propre nature même pas conventionnellement. Il réduit par l'absurde les conséquences logiques des affirmations des tenants des autres écoles.

14) **Samkhya.** L'une des six écoles de la tradition hindouiste. Elle fait valoir des vues éternalistes.

15) **Maitreya :** (Gyalwa Jampa). Le futur Bouddha résidant dans le ciel Tushita. Asanga l'ayant réalisé, reçut de lui les textes fondamentaux comme "L'Ornement des Réalisations", "Le Traité de la Science Sublime", etc.

16) **Aryadeva** : (début du 3e siècle). Disciple direct de Nagarjuna. Ayant atteint l'Illumination en une seule vie, il domine tant les Sutras que les Tantras et montre, entre autres dans ses "Quatre cents Stances", un exposé très profond sur la vacuité, la voie telle qu'il l'a expérimentée : "Ceux qui aspirent au paradis aiment la religion mais ceux qui recherchent la délivrance travaillent pour réaliser la vérité ultime."

SA SAINTETE
NGAWANG LOBSANG GYATSO
CINQUIEME DALAI LAMA
(1617-1682)

PRATIQUE DE LA VACUITE

Chapitre sur la Perfection de Sagesse
Extrait du manuscrit *"Parole Sacrée de Manjushri"*

Traduit du tibétain en anglais par le Professeur Jeffrey Hopkins.
D'après les instructions du Vénérable Geshé Rabten.
Traduction française ; collectif Editions Dharma.

འཇམ་དབྱངས་སྨྲ་སེང

༄། །ཀུན་གཟིགས་ངག་དབང་བློ་བཟང་རྒྱ་མཚོའི་སྐུ། །

LA PERFECTION DE SAGESSE :

Une conscience qui comprend la signification de l'ainséité est une sagesse connaissant l'Ultime (vacuité).

Une conscience maîtrisant une des cinq disciplines de connaissance (l'art, la médecine, la grammaire, la logique et les sciences intérieures (I) à savoir les sciences bouddhistes) est un moment de sagesse connaissant les conventionnalités.

Il existe aussi une sagesse percevant les façons impeccables d'accomplir le bien des êtres en cette vie et dans les futures. Lorsque l'entraînement mental en ces formes de connaissance est achevé, la Perfection de Sagesse l'est également.

Dans son œuvre *"La Sagesse en Cent Stances"* (Prajnasataka), Nagarjuna écrit : "La racine de toutes les qualités, évidentes et cachées, est la sagesse. Puisqu'elle détermine les deux (les vertus évidentes et non-évidentes) la sagesse doit être comprise parfaitement." La réalisation (Purification) des cinq premières Perfections Transcendantes (le don, l'éthique, la patience, l'effort et la concentration) dépend de la sagesse. Ceci (illustré) dans le cas du don par l'offrande de sa propre chair même, sans en éprouver ni orgueil ni hésitation... (simplement) comme quelqu'un extrayant un remède d'un arbre médicinal. C'est également en dépendance de la sagesse qu'un bodhisattva, étant un monarque universel, ne se trouve pas soumis aux influences des attributs désirables (placés sous son autorité). En résumé : la naissance de toutes les qualités mondaines ou supra-mondaines est subordonnée à la sagesse. C'est pourquoi il faut s'efforcer de l'obtenir.

Parmi ses nombreux types à rechercher, il est important de cultiver la Vue Pénétrante (vipashyana) car elle élimine les perturbations grossières et subtiles. Il existe une vue pénétrante mondaine, spécifique des (attributs) grossiers et paisibles (des différents domaines de l'univers impermanent). Cette vue supprime les perturbations manifestes. Convient-il de la développer ?

Dans son œuvre *"Eloge des Personnes Méritoires"* Asvagosha (2) affirme : "Bien que des êtres aveuglés par l'ignorance se tenant éloignés de votre doctrine (celle du Bouddha) parviennent à la cime du cycle des existences (l'état ultime du monde du sans-forme), ils auront à subir de nouveau les souffrances inhérentes au cycle". Bien que les non-bouddhistes se trouvent à même d'abandonner toutes les perturbations manifestes de la sphère du "néant" (celle précédant la plus élevée du monde du Sans-Forme) ainsi que dans certains domaines plus inférieurs à celui-ci, et atteignent les absorptions propres au sommet de l'existence cyclique, ils sont cependant incapables de se libérer de cette ronde.

Le Sutra *"Roi des Recueillements" (Samadhiraja-Sutra)* illustre ceci. "Bien qu'ils cultivent les absorptions (propres au pic de l'existence et autres absorptions), ils ne détruisent pas la conscience d'un soi. C'est pourquoi les afflictions ressurgissent et les perturbent. Le cas d'Udraka Ramaputra développant les concentrations (en est un bon exemple)". Par la force provenant du non-abandon de la conception d'une existence inhérente, ils se trouvent à nouveau dérangés par les facteurs perturbateurs (de l'esprit) comme dans le cas du passeur (Tirthaka) Udraka Ramaputra (un des premiers maîtres du Bouddha). Ils retombent alors dans un état de conscience (correspondant) aux états inférieurs.

Par conséquent, comment pourrait-il se faire que des disciples, étant des êtres de capacité supérieure, recherchent une telle Vue pénétrante mondaine (puisqu'elle permet uniquement d'apaiser les distorsions manifestes ?)

Question : Dans ce cas, le calme mental (samatha) (enseigné dans un chapitre précédent du livre "Parole Sacrée de Manjushri"), cultivé auparavant avec effort, serait-il un non-sens ?

Réponse : Dans son œuvre *"Eloge des Personnes Méritoires"* Asvagosha nous apprend ceci : "Bien que les disciples de votre enseignement (celui du Bouddha) puissent ne pas avoir atteint véritablement (le premier recueillement), ils peuvent stopper le cycle des existences sous le regard des démons". Après être parvenu au seuil du premier recueillement lui-même, il est possible, à ce stade, de cesser de porter son effort en vue d'achever cette véritable première concentration. Par une méditation sur la signification de la vacuité qui est l'objet de la vue pénétrante supramondaine, l'obtention de la libération de l'existence cyclique est possible.

Un doute subsiste : (3) (Si la seule libération du cycle des existences est obtenue) Dans le cas où l'omniscience ne serait pas réalisée par la pratique de la Perfection de Sagesse, alors un être de grande capacité ne possèderait aucun attribut supérieur à ceux de capacité moyenne (puisque tous deux s'entraînent sur la même forme de sagesse).

Réponse : Une telle façon incorrecte de penser provient de la seule perception d'une fraction des enseignements tout comme l'herbe broutée (partiellement) par un yak borgne. Le début de ce texte explique longuement la manière de s'entraîner à l'aspiration vers l'Eveil suprême pour le bien de tous les êtres, et présente également les actions à entreprendre, à cette fin, par les bodhisattvas. Ces deux entraînements distinguent les êtres de grande capacité de ceux de capacité moyenne. (Ainsi, bien qu'il soit vrai que les êtres de capacité moyenne méditent sur la même vacuité que les êtres de grande capacité, ils ne sont en aucun cas leurs égaux).

Le Maître Supérieur Dje Tsong Ka Pa (4) dans *"Les Trois Principaux Aspects de la Voie"* souligne :

"Même si vous avez cultivé le renoncement et l'esprit (altruiste) d'Eveil
En l'absence de la sagesse qui connaît le mode d'existence (ultime des phénomènes)
Vous ne pourrez trancher la racine du cycle des existences.
Aussi, appliquez-vous à la réalisation de l'origine interdépendante".

Un être de capacité supérieure possède non seulement l'aspiration altruiste à l'Eveil suprême, mais en conjonction avec elle, il s'exerce à la sagesse transcendante. Les pratiques d'un individu de motivation supérieure ne composent pas une voie limitée comme celle des adeptes de petite et moyenne motivation.

Question : Lors des entraînements en Concentration et en Sagesse, les stades propres à l'individu de moyenne capacité comprennent aussi le Calme mental et la Vue pénétrante. Quelle peut être la nécessité d'avoir à les mener de front avec les activités des bodhisattvas ?

Réponse : Nagarjuna (5) dans son traité de *"Raisonnement Logique en Soixante Stances" (Yuktisastika)* dit : "Par la vertu (accumulée) (grâce à mon effort de rédaction de ce texte) puissent tous les êtres compléter les collections de mérite et de sagesse et obtenir les deux (corps) suprêmes (corps formel et corps de vérité) issus du mérite de la sagesse."

Afin de concrétiser l'état de Bouddha il est nécessaire d'atteindre à la fois un corps formel et un corps de vérité. (Sans une méditation sur la vacuité associée à l'aspiration à l'Eveil le plus haut pour le bien de tous les êtres, accompagnée de ses procédures spécifiques, l'état de Bouddha ne peut être atteint).

Question : Quelle est la base de l'obtention des deux corps ?

Réponse : Dans son *"Supplément au Traité de la Voie du Milieu"* de Nagarjuna *(Madhyamakavatara) (VI, 80)*. Le glorieux Candrakirti (6) explique : "Les vérités conventionnelles sont les moyens et les vérités ultimes proviennent des moyens. Ceux qui ne savent pas distinguer entre ces deux vérités suivent une voie incorrecte (bâtie sur) des idées erronées." De ceci découle implicitement : "Ceux pour qui la différence entre les vérités conventionnelles et les vérités ultimes est validement établie, suivent la bonne et juste voie."

Vous devez apprendre à connaître directement les deux facettes de la vue du Madhyamika.

1) La vue concernant les substrats, les vérités conventionnelles ou apparences. Il s'agit de la vue de l'origine interdépendante qui est l'existence conventionnelle de tous les phénomènes et de leur production, sans que le moindre désordre s'instaure entre les causes et les effets.

2) La vue des vérités ultimes, c'est-à-dire des vacuités. Il s'agit de la compréhension de la nature de tous les phénomènes dans le sens ou pas un phénomène n'a la moindre existence inhérente.

Lorsque, sans vous tromper, vous connaîtrez ces deux vérités, vous accumulerez les collections de mérite en vous entraînant sur la Voie par la grande force des actions telles que le don, etc. Vous accomplirez également ces actions en conjonction avec la Vue profonde de la vacuité. Vous réaliserez ainsi les deux corps, un corps formel et un corps de vérité, objets d'achèvement ultime des êtres de grande capacité. Vous devrez, préalablement, recevoir des instructions afin de savoir comment accumuler les collections de mérite qui sont les moyens d'obtention du corps formel. Vous devrez ensuite vous exercer dans les degrés de la pratique afin d'accumuler les collections de sagesse, les moyens d'atteindre le corps de Vérité.

Dans le grand pays de l'Inde on distingue généralement quatre systèmes doctrinaires bouddhistes. (Vaibhasika, Sautrantika, Cittamatra et Madhyamika). Parmi eux, les points de vue diffèrent mais, en tout état de cause, les écoles Madhyamika et Cittamatra (chemin du milieu et esprit seul) sont renommées comme les principales.

Nagarjuna dans sa *"Précieuse Guirlande" (Ratnavali, stance 118)* nous apprend que "le Bouddha savait cette doctrine difficile à concrétiser du fait de sa profondeur. Ainsi, le Bouddha, le Vainqueur, se détourna (de la tâche) de l'enseigner."

Pour d'autres, comprendre l'importance extrême du mode de présentation de la vacuité et de la loi de cause et effet sans contradiction était difficilement compréhensible. C'est pourquoi le Bouddha prétendit (initialement) qu'il lui était difficile, et même très difficile, d'assumer la mise en mouvement de la Roue de la Loi.

Le maître incontesté de ce point malaisé et crucial fut le glorieux protecteur, le Supérieur Nagarjuna prophétisé par le Vainqueur Bouddha dans *"le Sutra de la Descente à Lanka" (Lankavatara Sutra)*. Bien que beaucoup prétendent suivre Nagarjuna, il n'existe aucune chance d'atteindre, ne serait-ce que la libération du cycle des existences, en suivant même la vue du système Svatantrika-Madhyamika (pourtant directement inférieur au plus ultime celui des Madhyamika-Prasangika). (Cette école affirme que (conventionnellement) tous les phénomènes existent de façon inhérente. Le glorieux Candrakirti dans son *"Supplément"* (VI, 79) le souligne également : "Pour ceux qui se trouvent à l'extérieur de la Voie (montrée) par l'honorable Maître Nagarjuna il n'existe aucun moyen d'éteindre (la souffrance). Ils sont à la fois en deçà de la vérité conventionnelle et de la vérité ultime. Du fait de cette chute ils ne réalisent pas la libération." Il est donc indispensable de comprendre, sans erreur, la pensée du protecteur Nagarjuna.

Question : Quel commentateur de Nagarjuna doit être suivi ?

Réponse : Le Grand Aîné Atisa (7) dit : "Selon quelle présentation doit-on réaliser la vacuité ? Selon celle de Candrakirti, un disciple du (maître) prophétisé Nagarjuna qui obtint la vision de la vérité, la nature des choses. C'est en suivant les préceptes que nous transmit Candrakirti que la vérité, la nature des phénomènes, sera atteinte." Vous devriez pratiquer selon les commentaires du glorieux Candrakirti.

Dans son exégèse sur *"Les Actes d'Union des Bodhisattavas en Quatre Cents Stances"* d'Aryadeva *(Bodhisattvayogacaryacatuhsatakatika)* Candrakirti souligne : "Dans ce contexte le "Soi" (dans la théorie du non-soi) est une nature, ou une entité, des choses qui ne dépend pas d'une autre. Sa non-existence est le non-soi. Le non-soi est concrétisé selon deux aspects par une division effectuée entre les personnes et les autres phénomènes; c'est-à-dire un non-soi des personnes et un non-soi des autres phénomènes."

Question : Quelles sont les étapes de production des deux types de vacuité ?

Réponse : Aryadeva dans son œuvre *"Les Quatre Cents Stances" (Catuhsataka)* expose : "Initialement le non-méritoire est surmonté. Au milieu le soi est surmonté; et finalement toutes les vues (fausses) sont surmontées. Quiconque sait cela est un sage !" Les vues erronées affirmant l'inexistence de la loi de cause et effet, etc, furent dépassées (par les procédures préalablement exposées) dans les sections traitant des individus de petite et moyenne capacité. C'est pourquoi il est dit : "La source de tous maux, le nihilisme, a été entièrement surmontée."

Par la suite, au cœur de la pratique (l'idée d')un soi (inhérent) des personnes et finalement d'un soi (inhérent) des autres phénomènes, doit être également dépassée. Cet ordre, selon lequel le non-soi des personnes est cultivé avant le non-soi des autres phénomènes, est combiné en conformité avec les instructions fondamentales relatives à l'entraînement, alors que dans les grands textes le non-soi des phénomènes est souvent présenté d'abord. L'ordre non-trompeur offert ici dans le but de la pratique, est une exception à la règle générale mais n'en demeure pas moins, pour l'essentiel, excellent. Une vue du non-soi ne peut être engendrée dans le courant de conscience d'une personne ne croyant pas dans la loi de cause et effet. De plus, si la conception d'un soi des personnes n'est pas surmontée, la conception d'un soi des autres phénomènes ne peut pas l'être non plus.

Par les activités expliquées antérieurement dans ce livre (non présentées dans cet extrait), les antidotes des diverses perturbations, telles que le désir, ont provoqué l'élimination de leurs résultats négatifs respectifs (dans le sens d'un apaisement). Cependant, toutes les fautes ne furent pas supprimées, du fait de la non-élimination de la racine commune à toutes les fautes, à savoir l'ignorance.

Dans le texte déjà cité d'Aryadeva, il est écrit : "De même que le sens du corps (imprègne) le corps entier (qui est aussi le lieu des autres sens), de même l'ignorance réside en toutes (les distorsions). Ainsi, en surmontant l'ignorance, toutes les afflictions se trouveront vaincues. Si l'origine interdépendante est perçue, l'ignorance ne peut naître. C'est pourquoi il est important, ici, de porter tous ses efforts à l'écoute de cet enseignement (sur l'origine interdépendante)." Il est dit que lorsqu'un arbre est coupé à ses racines, toutes ses branches et fleurs dépérissent. De la même manière lorsque la conception de l'existence inhérente se trouve extirpée, toutes les distorsions sont éteintes.

Dans son *"Supplément"* (VI, 120) Candrakirti ajoute : "Ayant, en esprit, compris que toutes les erreurs liées aux perturbations sont issues de la vue de la collection transitoire (comme étant un Je et mien existant de manière inhérente), et ayant observé que le "Je" (ayant une existence nominative) est son objet, un yogi stoppe le "soi" (le sens d'une personne possédant une existence intrinsèque).

Sur le même point, dans sa *"Précieuse Guirlande"* (verset 35) Nagarjuna dit : "Aussi longtemps que dure une conception des agrégats physiques et mentaux (comme possédant une existence inhérente) la conception d'un "Je" (comme possédant une existence en soi) se perpétue. Lorsque la conception d'un "Je" existe, une production d'action (contaminée) s'ensuit. En provenance de ces actions (contaminées) se produit également la naissance."

Le roi de la Doctrine, Dje Tsong Ka Pa adressa une requête à Manjushri afin de recevoir son enseignement. C'est ainsi qu'il actualisa dans son courant de conscience, en conformité avec la manière selon laquelle Manjushri l'enseigna, les moyens propres à développer la juste vue de la vacuité. Dans les transmissions de ses instructions à ses disciples, la certitude de l'établissement de ces deux "non-soi" apparaît sous diverses formes.

Dans la transmission issue de Kay-Drup-Gay-Lek-Pel-Sang (mKhas-grub-dge-legs-dpal-bzang) les instructions sont données du point de vue de la préparation et de la véritable méditation (sur la vacuité).

Dans la transmission provenant de Kay-drup-Shay-rab-Seng-gay (mKhas-grub-shes-rab-seng-ge) les instructions sont présentées du point de vue de (l'obtention et de la mise en activité) des Quatre Attentions. (Au Guru, à l'aspiration pour l'Eveil suprême pour le bien de tous les êtres, à son propre corps comme étant le corps de la divinité, et à la vue de la vacuité) (a).

Peu importe laquelle de ces deux méthodes est suivie. Elles ne recèlent (essentiellement) aucune différence. Ce texte est l'occasion de transmettre les instructions pour la pratique de la Perfection de Sagesse sur les étapes de la Voie en vue de l'Eveil suprême. Les exercices préparatoires apparaissaient dans la série des activités traitées préalablement. Nous pouvons donc, maintenant, nous dispenser d'en reparler.

L'usage effectif de la Perfection de Sagesse comporte deux parties : Celle traitant du non-soi des personnes et celle traitant du non-soi des autres phénomènes. La première comprend plusieurs aspects. Ainsi, par exemple, le raisonnement se rapportant à l'origine interdépendante se présente selon trois (points) essentiels; et le raisonnement en sept aspects en comporte neuf, et ainsi de suite... (b)

Ces points sont exposés de façon détaillée dans les œuvres du grand maître Dje Tsong Ka Pa : "*La Grande Exposition de la Vue Pénétrante*" et "*La Petite Exposition de la Vue Pénétrante*".

Dans les instructions pour la conduite à tenir transmettant de bouche à bouche (transmission uniquement orale) l'expérience de l'omniscient récipiendaire de la lignée de ce système Nor-Sang Gya-tso (Nor-bzang-rgya-mtsho) et ses fils (spirituels), nous trouvons une analyse selon **les Quatre Essentiels.**

PREMIER ESSENTIEL
CERTITUDE DE L'OBJET A REFUTER

Les intertitres sont des traducteurs.

Le **Premier point essentiel** consiste à établir la manière dont un concepteur inné conçoit le "Je". Buddhapalita (8) affirme : "Tous les phénomènes sont dépourvus de soi". (Lors de l'analyse du non-soi de la personne) si le soi (qui est la personne ayant une existence valide) et le soi, l'objet inexistant à nier, n'étaient pas très profondément identifiés alors, ce serait comme si l'on déployait une armée sans savoir où se trouve l'ennemi, ou comme si l'on décochait une flèche sans avoir préalablement localisé la cible.

Ainsi Shandideva (9), dans son ouvrage *"Entrée dans les Pratiques des Bodhisattvas (Bodhisattvacaryavatara)* dit : "Sans établir la relation avec l'existence attribuée, sa non-existence ne peut être appréhendée." Si une image de l'objet nié n'apparaît pas clairement à l'esprit, la signification du non-soi qui le nie ne pourra pas être établie.

Donc (lors de la présentation du non-soi des personnes) le mot "personnes" se réfère aux personnes (existant nominalement et validement) que sont les êtres ordinaires et les Supérieurs dans les six types d'êtres transmigrant (êtres infernaux, esprits affamés, animaux, êtres humains, demi-dieux et dieux) et les trois véhicules (celui des Auditeurs, des Réalisateurs-solitaires et des Bodhisattvas). La manière d'exister de la personne comme si elle était capable de le faire de son propre chef, sans être désignée par la pensée, est appelée le "soi" ou existence inhérente.

De plus, le concepteur inné du "Je" qui conçoit le "Je" basé sur la personne (nominalement existante) est de trois types.

1) Un être ayant engendré la vue du Madhyamika dans son courant de conscience possède un intellect capable de concevoir (correctement) un "Je" qui est alors simplement nommé sur sa base de désignation (l'esprit et le corps).

2) Un vrai concepteur inné (qui se trompe en) imaginant un "Je" qualifié par une existence inhérente. Cette forme de conscience doit être, dès maintenant, à l'occasion de l'engagement (sur la voie de la Sagesse), surmontée grâce à son antidote.

3) Un connaisseur conventionnel valide qui établit (l'existence d')un "Je". Ce genre de conception existe (par exemple) dans les courants de conscience de ces êtres ordinaires dont les continuums mentaux n'ont pas été influencés par des systèmes doctrinaires. Ainsi, ils ne font pas la différence entre une désignation nominale et l'existence inhérente. En un tel cas, le "Je" ne se trouve ni qualifié par une attribution nominative ni par une existence inhérente.

(Bien que les êtres ordinaires, non éduqués (philosophiquement) ne *défendent* ni l'idée d'une existence inhérente ni celle d'une existence nominale, le "Je", en fait, leur apparaît comme ayant une existence réelle. Bien qu'ils le fassent sans raisonner, puisqu'ils donnent parfois leur assentiment à cette apparence, ils possèdent une conception de l'existence intrinsèque du "Je" égale à celle du deuxième type. Comme tous les autres êtres, y compris ceux éduqués selon des systèmes doctrinaires erronés, ils possèdent des consciences qui ne s'engagent pas en des conceptualisations d'une existence inhérente (l'objet est pris comme existant sans que la conscience discriminante soit engagée).

C'est pourquoi nous n'affirmons pas, ici, que tous les concepteurs d'un "Je" (apparaissant) dans les courants de conscience de personnes ayant reçu une éducation erronée se trompent; ou bien que tous les concepteurs d'un "Je" (émergeant) du courant de conscience de personnes ineduquées sont corrects... Nous affirmons plutôt qu'une personne inéduquée, et une autre éduquée de façon fallacieuse, participent toutes deux du second type. (le vrai concepteur inné se trompant). Ajoutons que ces deux catégories, avec ou sans éducation, possèdent occasionnellement ce troisième type de conscience, créateur d'un "Je" ni qualifié par une autre désignation nominale ni par une existence inhérente. Cependant, aucune de ces personnes n'est capable d'opérer la distinction entre un "Je" existant par désignation et un "Je" doué d'une existence en soi. Toutes deux doivent être entraînées dans la vue du Madhyamika de la non-existence inhérente et de l'existence attribuée. Elles seront ainsi à même de surmonter leurs tendances innées qui consistent à acquiescer à la fausse apparence du "Je" comme s'il existait par nature, ou recouvrait sa base de désignation.

De plus, une conscience fermement tenue, pensant "Je" existe en notre courant de conscience à chaque moment de sommeil ou d'éveil. Cependant, tout comme pour un miroir et une image de votre visage (en ce que la présence du miroir donne une image claire du visage), lorsque vous rencontrez des conditions de bonheur et de souffrance, l'esprit pensant : "Je" (par fausse conception), se manifeste avec force. Notons aussi qu'à d'autres moments, en lesquels de telles conditions ne se rencontrent pas, cet esprit pensant : "Je", est un peu brouillé.

De nos jours, la plupart de ceux enseignant la Vue n'ont pas analysé si le "Je" se présente de manière manifeste ou non. Ils discourent sur la pratique en s'appuyant sur des mots appauvris affirmant, par exemple, seulement : "La façon dont un concepteur inné d'un "Je" conçoit le "Je"..." (Sans distinguer outre mesure). De telles instructions ne concordent pas du tout avec (l'exposition correcte) des **points essentiels.** C'est comme si l'on pointait un doigt accusateur vers un individu dont on ne voit pas bien le visage, tout en affirmant : "Voilà celui qui a volé hier !"

C'est pourquoi vous avez besoin d'établir une claire notion des moments de bonheur et de souffrance, tels qu'ils furent provoqués par d'autres. Faute de cela, vous devriez vous remémorer un sentiment de même nature, vous le rappeler jusqu'à l'éprouver clairement dans l'esprit. Si, par exemple, quelqu'un vous accusa (faussement) d'être un voleur, la pensée : "J'ai volé Untel" n'existe pas en votre esprit. Néanmoins, en pensant qu'il vous attribua une telle action, vous pouvez en arriver à engendrer une forte haine à son égard. A cet instant précis, ce "Je" qui est l'objet envers lequel est portée cette accusation de vol, que vous tenez alors de près, et fermement, au centre du cœur, semble quasi visible tout comme s'il pouvait être touché de la main.

Ou bien si vous réfléchissez à l'aide qu'une autre personne vous apporta pour la réalisation d'un de vos désirs, venant du centre du cœur le "Je", objet de l'aide, apparaît avec force.

Cultivant le sens du "Je" selon ces deux modes, l'esprit manifeste pensant "Je" apaise les autres pensées grossières. Permettez ainsi au concepteur inné du "Je" d'accroître sa force. A ce stade, analysez la manière dont l'esprit conçoit le "Je". Il est extrêmement difficile, à l'intérieur d'une seule conscience, d'analyser à la fois la conception d'un "Je" et la façon dont il est conçu. (Le premier point étant la reconnaissance du "Je" et le deuxième étant la reconnaissance de ses qualités telle que l'auto-suffisance, etc). Si la force de la conscience analytique est trop puissante, celle de la génération (du "Je") se brouille et se trouve détruite.

Question : Comment doit-on mener cette analyse ?

Réponse : Par la force issue de la réalisation du calme mental vous avez obtenu la capacité de demeurer sur tout objet servant soit à la méditation stabilisatrice, soit à la méditation analytique. Dans cette activité, au lieu de vous concentrer, par exemple, sur la visualisation d'un corps de Bouddha, vous devez provoquer l'apparition de l'esprit manifeste pensant "Je". Alors que la plus grande partie de la conscience demeure sur le "Je" avec une certaine force, un "coin" de l'esprit doit en surveiller le mode d'appréhension et analyser la manière dont ce "Je" est conçu. Par exemple, lorsque sur un sentier vous marchez en compagnie, vos yeux fixent principalement le sentier mais du coin de l'œil vous regardez également votre compagnon.

Antérieurement le "Je" dans la pensée : "Je", semblait exister au centre du cœur mais nous n'avions pas encore établi en quels termes il existait. C'est ce que doit désormais analyser profondément un coin de l'intellect. Parfois il nous semblera exister en relation avec le corps. A d'autres moments il nous semblera exister en relation avec l'esprit. D'autrefois, avec tel ou tel agrégat (sensations, discriminations, formations volitionnelles) etc.

Finalement, par une telle production d'observations du mode d'apparence (du phénomène "Je"), vous parviendrez à l'identification d'un "Je" existant de son propre chef, de façon inhérente, établi par lui-même de tous temps, existant de manière indifférenciée en relation avec le corps et l'esprit qui se trouvent également mêlés comme de l'eau dans du lait.

Ceci (dans l'engendrement de la Sagesse) est le **premier essentiel,** la constatation de l'objet qui est nié (dans la théorie du non-soi). Vous devez poursuivre cette investigation jusqu'à ce que naisse une profonde expérience de cet objet. L'ayant ainsi engendré dans votre continuum mental vous cristalliserez alors une identification du "Je" telle qu'elle se trouve produite par le concepteur inné d'un "Je". C'est-à-dire établi par lui-même et en relation avec vos agrégats comme celle de l'eau versée dans de l'eau. Si une telle assimilation se cristallise cela vous permettra, par une simple analyse, d'établir (la non-existence inhérente du "Je"). Si, préalablement, vous ne reconnaissiez pas un tel "Je", l'analyse tomberait en morceaux avant même d'être commencée !

SECOND ESSENTIEL
LE POINT DE CERTITUDE ABSOLUE

Dans son texte *"Les Claires Paroles" (Prasannapada)* Candrakirti exprime ce qui suit : "Considérez si l'objet de celui concevant un "Je" est le même (que les agrégats physiques et mentaux), ou s'il est une entité différente des agrégats".

Le "Je" apparaît comme s'il ne se distinguait pas des agrégats (physiques et mentaux), eux-mêmes indifférenciés. Cependant, bien que l'on n'affirme pas qu'un objet, tel un pot, existe séparé ou susceptible d'être différencié (de lui-même), ici, (en ce qui concerne le "Je") apparaissent les aspects d'une base de désignation et d'un phénomène désigné. C'est-à-dire "les agrégats" et "Je". (Un pot peut être considéré comme un phénomène désigné et son fond, sa partie médiane et son rebord, comme étant sa base de désignation. Mais "pot", en lui-même, à lui seul, n'est pas considéré sous l'angle de ses différents aspects).

Il nous faut analyser si le "Je" établi par lui-même de façon inhérente, en relation avec les cinq agrégats, pourrait posséder une façon d'exister autre que celle consistant à être **un** ou **séparé** de ses agrégats. En prenant comme exemple un autre phénomène, au terme de votre recherche, vous vous rendrez compte qu'il n'existe pas de troisième possibilité (d'existence). La décision à prendre à propos du mode de relation (entre le "Je" et les agrégats), c'est-à-dire parvenir à déterminer s'ils sont le même ou différents, est **l'essentiel** dans l'établissement de leur imprégnation. (Si le "Je" existe, il est soit un avec, soit séparé des agrégats. Le fait d'être établi selon une de ces formes imprègne, ou a lieu, avec chaque moment d'un "Je" existant).

Antérieurement, le "Je", phénomène désigné sur les agrégats, sa base de désignation, semblait exister comme s'il s'était établi par lui-même et ne pouvait pas en être distingué. Par l'expérience de ce deuxième point essentiel, la conscience antérieure établissant (l'apparence du "Je") ne pourra plus subsister telle qu'elle était et un petit doute apparaîtra quant à savoir si le "Je" est le même ou s'il est différent (des agrégats).

Sur ce sujet un simple doute est insuffisant. Une décision doit être prise. A cette fin, en vous basant sur l'idée selon laquelle le "Je", formé par la conception innée d'une existence véritable pourrait exister, vous devez (préalablement) admettre qu'il ne pourrait exister qu'en tant qu'un avec le corps ou un avec l'esprit.

TROISIEME ESSENTIEL L'ILLUSION D'UN "JE" INDEPENDANT A L'INTERIEUR DES AGREGATS (SKANDHAS).

Si le "Je" était un avec le corps, il serait insensé, du point de vue du rattachement d'un attribut "le corps" à une base "Je", de dire : "Mon corps" De plus, un tel agencement vous obligerait à déclarer : "Mon Je", ou bien "le corps du corps" ! Menez également votre investigation selon la deuxième possibilité afin de gagner la certitude (d'identiques contradictions logiques) si le "Je" était un avec l'esprit.

Si, ayant examiné cela (l'objet de votre tentative de compréhension) vous en demeurez au seul plan verbal et ne gagnez pas une forte conviction, réfléchissez alors à l'assertion de Nagarjuna extraite de son *"Texte Fondamental nommé 'Sagesse' " (Prajna-namamula-madhyamashastra.* XXVII, 27).
"Lorsqu'est acceptée l'idée qu'il n'existe aucun soi en dehors des (agrégats) appropriés, les (agrégats) appréhendés sont, eux-mêmes, le soi. S'il en est ainsi votre soi est non-existant." Puisque le "Je" et les agrégats seraient un de façon inhérente, ils seraient un dans tous leurs aspects, sans la moindre division entre eux. Ils ne pourraient pas exister autrement que sans parties. Vous ne pourriez pas alors, en relation avec cette qualité d'être cet un sans parties, présenter les deux composants comme : 1) celui qui s'approprie les agrégats, et 2) les cinq agrégats appropriés par lui. Ainsi des affirmations telles que "mon corps" ou "mes agrégats" deviendraient insensées.

Si cette réflexion ne vous plonge pas au cœur du sujet, songez que si le "Je" et le corps étaient un après la mort, lorsque le corps est incinéré le "Je" serait également brûlé (10). Ou bien encore tout comme le "Je" transmigre jusqu'à la prochaine renaissance (11) le corps devrait obligatoirement transmigrer également ! Autre façon : tout comme le corps ne transmigre pas, le "Je" ne transmigrerait pas. Considérez les implications de telles vues fallacieuses. Ayant ainsi médité vous parviendrez à la conclusion suivante : "Le "Je" n'est probablement pas le même avec le corps". Ensuite, vous penserez : "Alors le "Je" est probablement un avec l'esprit". Réfléchissez aux erreurs suivantes : La souffrance du froid est-elle ressentie lorsque le "Je" est dénué de vêtements ? Et les souffrances de la faim et de la soif, surviennent-elles quand le "Je" manque de nourritures et de boissons ?

Ainsi, après la mort, si l'esprit devait renaître dans le monde du Sans-Forme, du fait qu'il est supposé être un avec le "Je", il serait encore contraint d'utiliser les formes grossières telles que nourritures et vêtements (12).

Les méthodes de raisonnements exposées ci-dessus conviennent bien aux débutants et sont faciles à développer. Cependant, si vous vous êtes entraîné dans la sagesse discriminante, une réflexion plus élaborée vous permettra de résoudre cette question. Considérez les faux raisonnements accompagnant la conception de soi(s) devenant plusieurs. Dans son *"Supplément"* (VI, 127.ab) Candrakirti écrit : "Si le soi était les agrégats, puisque les agrégats sont plusieurs, le soi serait également plusieurs". Tout comme les agrégats sont cinq, le "Je" serait également cinq. Ou bien, tout comme le "Je" est un, les agrégats ne pourraient pas être cinq.

De la même façon, Nagarjuna dans son ouvrage intitulé *"Sagesse Fondamentale" (Prajna-mula,* (Traité de la Voie du Milieu) XVIII.I) dit : "Si le soi était les agrégats, il subirait la production et la désintégration". Parce que les cinq agrégats seraient produits de manière inhérente et seraient désintégrés de manière inhérente, il vous faudrait affirmer que le "Je" est également produit et désintégré.

Le "Je" de la vie antérieure et le "Je" de cette vie peuvent seulement être le même ou différents. S'ils sont identiques, par la force d'être un de façon inhérente, les souffrances de la vie antérieure en tant qu'animal telles que la stupidité et l'état d'esclavage consistant à être utilisé pour les besoins d'autrui, devraient aussi être expérimentées par le "Je" qui a pris la forme d'un être humain en cette naissance. De même les plaisirs humains de cette vie eussent pu être expérimentés en tant qu'animal dans l'existence passée ! Réfléchissez à de telles absurdités.

Similairement dans son *"Supplément"* (VI, 61.cd) Candrakirti expose : "Toutes choses séparées de façon inhérente ne peuvent convenablement être incluses dans le même continuum". Si le "Je" de la vie antérieure et le "Je" de la vie suivante étaient réellement différents, ils seraient absolument différenciés sans aucune possibilité de relation entre eux." Il deviendrait en ce cas impossible de se souvenir : "Je naquis dans une vie antérieure comme telle personne..." suivant l'exemple de Devadatta qui (par non-réalisation) ne se souvenait pas qu'il naquit dans une existence passée en tant que Yajnadatta (son contemporain).

De plus, les actions accumulées par le soi en vue d'une renaissance heureuse seraient gaspillées puisqu'un autre pourrait profiter de leur fructification au moment de leur effet : un statut supérieur. Et vous-même ne pourriez l'expérimenter. Pourquoi cela ? L'agent des actions et celui qui en connaît les effets ne pourraient être inclus dans la base unique du "simple Je" (un "Je" ayant une existence nominale) et ainsi n'auraient aucun lien entre eux.

Si une action accumulée dans une existence antérieure apportait en cette vie un résultat bénéfique ou nuisible, vous seriez amenés (toujours selon notre hypothèse) à rencontrer (les résultats) d'actions non commises (par vous-même). Si aide et nuisance ne provenaient pas (d'activités précédentes) il n'y aurait aucun sens à abandonner les mauvaises actions et à s'engager dans les pratiques vertueuses dans cette vie puisque les effets ne porteraient pas fruits pour le "Je" futur.

Raisonnant ainsi, vous établirez fermement le **troisième essentiel,** à savoir la certitude de l'absence d'une véritable unité (entre le soi et les agrégats).

QUATRIEME ESSENTIEL : L'ILLUSION D'UN "JE" INDEPENDANT DES 5 AGREGATS

A ce moment vous pourriez imaginer que le "Je" et les cinq agrégats ne peuvent être que différents. Dans son "*Supplément*" (VI, 120.ab) Candrakirti explique : "En dehors des agrégats il n'existe aucun soi parce que, séparée d'eux, sa conception ne peut exister." Ce qui, de manière inhérente, est différent (de) se trouve obligatoirement sans relation (avec). En conséquence : de même que chacun des agrégats peut être identifié séparément, "ceci est l'agrégat de la forme", etc., après avoir éliminé les cinq composants vous devriez vous trouver en mesure d'identifier le "Je" : "Voici le 'Je'. Cependant quelle que soit la subtilité de votre approche, en aucun cas, un tel "Je" ne peut être trouvé."

La seule répétition de cette formule appauvrie : "Introuvable!" est insuffisante en tant que méthode de "non-découverte". Par exemple lorsqu'un bœuf s'est égaré on ne peut se contenter, en tant que preuve d'une réalité, de la simple phrase : "Il n'est pas à tel endroit." Mais en le cherchant partout, aussi bien dans les pâturages élevés qu'à mi-pentes et dans la vallée, on parvient à la ferme décision qu'il est effectivement introuvable. Il en est de même ici; après avoir médité jusqu'à une conclusion définitive, vous serez convaincu.

Candrakirti dans son "*Supplément*" (VI, 165) ajoute : "Puisque aucun objet n'existe sans agent il n'y a aucun "mien" (possédé) sans un soi (possédant). Par la vue de la vacuité du "Je" et du "mien" un yogi se libère". Lorsque le "Je" qui, jusqu'à présent, semblait pouvoir être perçu par l'œil et être touché de la main, en tant que véritablement existant, n'est pas trouvé et est simplement vacuité, il est communément accepté qu'il s'agit alors de la découverte initiale de la vue du Madhyamika.

En outre, comme expliqué plus haut lors du chapitre sur le calme mental, vous devez pratiquer selon la sagesse provenant de la réflexion, elle-même issue de la sagesse provenant de l'écoute, pour éventuellement parvenir à la réalisation de la sagesse issue de la méditation. Ce développement initial de la vue du Madhyamika n'est pas la Vue pénétrante elle-même. Cependant, comme la lune au deuxième jour du mois (lunaire) il s'agit d'une vision encore partielle. Si vous n'avez, en provenance d'une vie antérieure, aucune prédisposition latente pour la vacuité, il vous semblera qu'un objet que vous teniez dans la main a soudain été perdu. Si, par contre, vous êtes doté de ces prédispositions il vous semblera qu'un joyau perdu a soudain été retrouvé !

Après avoir de cette façon établi la vue du non-soi, la méthode pour son entretien consiste à s'engager dans les six pratiques préparatoires, les différentes postures physiques, l'attention et la vigilance, comme expliqué auparavant à l'occasion du Calme mental. En ce qui concerne leur mode (d'actualisation), ici, lors de cette présente méditation (sur la vacuité), d'aucuns affirment qu'une fois l'analyse de la vue faite vous devez en maintenir la réalité (en recueillement) sans appliquer l'esprit à quelque objet que ce soit. D'autres prétendent qu'il est préférable de produire la concentration stabilisatrice (sans pousser outre l'analyse) en se remémorant simplement la vue préalablement examinée.

Bien que de nombreuses formes (de méditation "pénétrante") de ce genre aient été propagées, (dans ces systèmes) aucun objet spécial, autre que le fait de maintenir le calme mental, ne devient apparent.

Geshé Po-to-wa (Po-to-ba) (13) écrit dans son *"Petit Réceptacle" :* "Certains affirment qu'au moment de l'écoute et de la réflexion l'existence non-inhérente est établie au moyen du raisonnement mais qu'au moment de la pratique nous devrions uniquement nous occuper du non-conceptuel. Cet usage d'une vacuité sans signification ne peut servir d'antidote (à la préconception d'une existence en soi). Ainsi, même pendant la méditation vous devriez vous engager dans une analyse correcte des objets au moyen du raisonnement antérieurement cultivé tel que le manque d'être un ou plusieurs, ou bien l'origine interdépendante. Vous devriez également demeurer quelque peu en (l'état) de non-conceptualité. Une telle pratique est un antidote aux perturbations. C'est ainsi que la sagesse devrait être cultivée par ceux désirant suivre le seigneur (Atisa) et qui souhaitent s'engager dans le système des Perfections Transcendantes. En se familiarisant avec la vacuité de la personne il deviendra, par la suite, loisible d'aborder une telle (non-conceptualité)".

Beaucoup prétendent être de grands méditants et proclament la nécessité de l'établissement de la vue de la vacuité par le truchement d'une analyse effective et disent qu'ensuite, durant la méditation elle-même, il suffit de se concentrer sur le non-conceptuel. Il n'existe aucune différence entre cette affirmation et prétendre que lorsque vous vous trouvez chez vous vous devez nourrir convenablement votre cheval mais que lorsque vous sortez vous devriez partir à pied ! Un tel discours n'est qu'(une manifestion extérieure) de l'inaptitude des personnes n'ayant pas le moins du monde compris les points essentiels dans la méthode de réalisation de la vue pénétrante en dépendance du calme mental.

Il est vrai qu'il est dit qu'au moment du calme mental un état de non-conceptualité est nécessaire et que l'intellect doit être stoppé. Ces conseils signifient (que l'esprit) ne doit pas se laisser gagner par d'autres pensées que l'objet de concentration méditative tel que le corps d'un Tathagata. S'il était nécessaire (au moment de l'établissement du calme mental) d'arrêter toute conceptualité, alors, puisque la contemplation d'une représentation du corps d'un Tataghata est conceptuelle... une telle contemplation devrait aussi prendre fin et, du même coup, vous perdriez votre objet d'attention !

Certains, influencés par une idée fausse basée sur une erreur quant au sens de "non-conceptualité", pensent que puisque toute analyse sur la signification du non-soi est conceptuelle, aucun raisonnement ne doit être appliqué pendant la méditation. C'est un signe de leur incompréhension de la signification du calme mental. L'investigation analytique devant être pratiquée est basée sur un processus de sagesse conjointe à la force du calme mental. Vous pouvez ainsi atteindre une grande clarté sans que l'esprit ne se laisse aller à d'autres pensées telles les distorsions du désir. Basé sur un esprit paisible, stable, la sagesse de la Vue pénétrante devient très forte.

Si *avant* d'avoir réalisé le calme mental vous vous engagiez alternativement dans la méditation analytique et stabilisatrice vous ne feriez que créer un obstacle au développement de cet état. (C'est après l'avoir obtenu que vous devriez vous entraîner dans les expériences alternées d'examen et de stabilisation). Une fois l'état de calme atteint, il se pourrait qu'un raisonnement puissant (et prolongé) nuise à votre stabilisation. C'est à ce moment que vous devriez alterner avec la technique équilibrante. Et de même si trop de méditation stabilisatrice vous rend peu enclin à l'analyse, c'est alors que vous devriez alterner avec l'opération intellectuelle.

Il est insuffisant de raisonner sur la signification de la vacuité lors de l'analyse pour, par la suite, au moment de l'équilibre mental, établir la conscience sur tout ce qui peut apparaître à l'esprit, tel que l'impermanence ou le corps d'une déité. Le sens de la vacuité considéré pendant la méditation analytique devrait être l'objet d'un placement unifié d'égale tenue lors de la méditation stabilisatrice. A ce moment vous ne devez penser à rien d'autre si ce n'est au fait que le soi n'a pas d'existence inhérente. Une quelconque non-conceptualité est insuffisante. Dans son dernier ouvrage sur *"Les Etapes de la Méditation" (Bhavanakrama)* Kamalasila (14) dit : "Ainsi l'excellente doctrine de la "non-attention" et de la "non-contemplation" (provenant du Bouddha) devrait être connue comme étant précédée d'une observation individuelle (sagesse discriminante) correcte. Car rien sinon une analyse individuelle correcte (Yang dag par so sor rtog pa) ne peut produire la non-attention et la non-contemplation (sur des objets autres que la vacuité).

Les disciples de Ka-Drup-gay-lek-pel-sang-po expliquent que lorsque la non-existence (inhérente) du "Je" se trouve distinctement établie, grâce à l'observation selon les **Quatre Essentiels,** la continuité de ce seul accomplissement devrait être prolongée et la procédure des **Quatre Essentiels** rappelée à l'esprit encore et encore. Ils affirment cependant que la contemplation menée en pensant : "Le "Je" n'existe pas tel qu'il est perçu", ou encore "Rien n'existe en conformité avec le mode d'apparence" (du "Je") sont des formes erronées.

Malgré cela, certains de la lignée de Kay-drup-shay-rab-seng-gay disent qu'ayant développé un clair entendement (du non-soi) vous devriez méditer en pensant : "Rien n'existe en conformité avec le mode d'apparence" (du "Je") !

De nombreux systèmes se déployèrent. Résumons-les d'après leurs spécificités. Après avoir établi l'analyse des **Quatre Essentiels** par l'écoute et la réflexion, pendant le recueillement la certitude naît distinctement que le "Je", tel qu'il est appréhendé par l'intellect, - le concevant de manière si évidente au centre du cœur - n'existe pas intrinsèquement, en relation avec les agrégats physiques et mentaux. Cette conviction une fois produite, la non-existence inhérente du "je" devient l'objet même de la méditation. En maintenant ainsi votre attention sur l'absence d'existence en soi du "Je", ne l'oubliez pas ! De plus, distinguez consciemment si l'intellect qui conçoit le "Je comme ayant une existence inhérente (envahit ou non, votre (champ de) compréhension et) vous interrompt ou non ! S'il s'avère nécessaire de revivifier le mode d'existence non-inhérente du "Je", alors, après un peu d'analyse, établissez-vous de nouveau en concentration stabilisatrice et pensez : "Il n'existe pas de cette manière !".

A ce moment là, sous l'influence d'une grande accoutumance passée avec la forme d'intelligence qui conçoit (une réelle existence), l'intellect qui appréhende un "Je" (ayant une existence inhérente), se manifeste plus fortement et plus fréquemment (que la réalisation du non-soi), et cela, même si vous pratiquez énergiquement en conformité avec les neufs états d'esprit du calme mental (c). Ainsi la pensée que le "Je" n'existe pas de manière intrinsèque apparaît seulement par intervalles. Ensuite, lorsque petit à petit, vous vous familiariserez (avec le non-soi), la conception de l'existence inhérente interrompra occasionnellement la conscience de la vue d'un "Je" n'existant pas en lui-même. Ultérieurement, juste un peu d'attention suffira pour stopper l'apparition d'une pensée concevant l'existence inhérente. De cette façon (la réalisation du non-soi) s'effectue de manière ininterrompue. Ensuite en accord avec le neuvième état d'esprit (précédant) le calme mental, l'application des antidotes (contre l'opacité (ou relâchement) et l'agitation) ne sera plus nécessaire et vous pourrez relâcher votre effort (d'introspection). Jusqu'à un certain point votre méditation deviendra semblable à l'union du Calme et de la Vue Pénétrante.

MEDITATION SEMBLABLE A L'ESPACE

Vous possédez maintenant l'esprit, en un seul courant, établi également par une concentration stable sur un négatif non-affirmatif. C'est-à-dire une claire vacuité, négation d'une existence inhérente. Cette négation de l'objet nié (dans la vue du non-soi) ressemble, par exemple, au fait que "l'espace" est défini simplement comme l'absence de son objet nié, c'est-à-dire un contact obstruant, en relation à la claire apparence entre les phénomènes. Cette concentration stabilisatrice (sur la négation d'une existence inhérente) est la véritable façon d'entretenir l'établissement qui ressemble à l'espace, identifié comme étant la "non-attention" ou la "non-conceptualité" ayant lieu lorsque le calme mental découle de la force de l'analyse même.

Question : Le processus analytique et sa diffusion en une variété de façons de penser est-il, ou non, la cause de la non-conceptualité ?

Réponse : Dans le *"Chapitre sur Kasyapa" (Kasyapa-parivarta)* il est expliqué : "Kasyapa, c'est ainsi, le feu prend, par exemple, lorsque le vent frotte deux branches l'une contre l'autre. Une fois le feu né, les deux branches sont brûlées. Exactement de la même manière, Kasyapa, si vous possédez l'intellect analytique correct, la faculté de sagesse d'un Supérieur se trouvera engendrée. Par son développement l'intellect analytique correct sera consumé." Sous l'effet d'analyses menées selon différentes consciences intellectuelles, tout comme l'on frotte deux morceaux de bois, une vue de la vacuité pareille à un feu est engendrée. C'est alors que tout le combustible de l'intellect est brûlé. Tout comme le bois devient non-existant, il est dit (que votre réalisation devient) non-conceptuelle.

(Pendant le huitième stade du Calme mental) au moment de la non-application (lorsqu'il n'est plus nécessaire d'administrer les antidotes à l'opacité et à l'agitation) une analogie avec la Vue pénétrante se trouve réalisée. En méditant et en entretenant un tel état vous obtiendrez une souplesse supérieure, une disponibilité du corps et de l'esprit qui découlera de la méditation analytique. Cette qualité surpasse de beaucoup la félicité de la souplesse physique obtenue antérieurement au moment de la réalisation du Calme mental par le pouvoir de l'établissement égal. Lorsque cette maniabilité supérieure est atteinte la réalisation, le fruit de la Vue pénétrante, est obtenue et, en conséquence, une conscience en tant que voie qui est l'union véritable du Calme mental et de la Vue pénétrante.

Moi (le cinquième Dalaï Lama) j'affirme hautement que telle est l'affirmation des érudits, porteurs des purs systèmes qui ne confondent pas les poissons avec les navets ! Beaucoup de savants et de faibles d'esprit tels que certains Sa Dak (Sa-dvags) (d) disent que s'il y a pensée la vue (du Madhyamika) est absente. Ils décrètent que la méditation sur la Vue n'est pas liée au rayonnement des idées. Certains Gé-lug-pas réfutent une telle déclaration d'une (mauvaise) manière, exprimant que le saut du petit poisson de la Vue pénétrante est impossible (à produire) dans les eaux immobiles du Calme mental. De plus, de nombreux disciples de notre propre école *(Gé-lu-pa)* proclament à tue-tête que la position de base (des érudits et des niais mentionnés ci-dessus) est un point essentiel définitif de la Voie.

En fait, jusqu'à ce que vous gagniez une vision réelle de la méditation qui ressemble à l'espace, vous devez, sans perdre la force de la sérénité, accomplir une analyse semblable à la Vue pénétrante. Si vous ne l'effectuez pas, votre expérience restera principalement une voie de simple quiétude dépourvue de vision pénétrante et vous ne progresserez pas beaucoup sur les étapes de la Voie. Notre propre système n'affirme pas qu'*après* le commencement de l'union entre le Calme mental et la Vue pénétrante, union ne dépendant plus de l'effort, le petit poisson de la Vue pénétrante frétille dans les eaux immobiles du Calme mental (car les deux sont alors en harmonie). C'est pourquoi la position (de ces Gélug-pa) peut seulement servir d'exemple pour des individus faisant briller le soleil de la réfutation et des preuves, avant d'avoir (personnellement) vu le ciel de la position originelle. Leurs partisans, sans avoir découvert la pensée de Tsong-ka-pa exposée dans *"La Voie Graduée"* en bref et en détail, sont seulement mystifiés par le lapin (qui entendant une branche frapper l'eau, se trompa, et prit ce bruit comme le signe d'un désastre imminent, en parla à un autre animal qui le raconta à un autre, et ainsi de suite. C'est ainsi que tous, par erreur, fuirent et se terrèrent pour se sauver de la catastrophe). Ils ne distinguent pas les distinctions subtiles des modalités de pratiques et d'apparences (qui s'élèvent) dans le courant de conscience d'un méditant au début, au milieu et à la fin du développement de la Voie. Prendre ces différentes périodes pour une seule revient strictement à affirmer la non-différence entre la jeunesse et la fragilité physique d'un nouveau-né et d'un vieillard centenaire. Prenez donc garde !

POST-MEDITATION SEMBLABLE AU MIRAGE

Question : Que se passe-t-il après avoir effectué la méditation semblable à l'espace ?

Réponse : Dans le Sutra *"Roi des Recueillements"* il est écrit : "Tout comme les mirages, les cités créées par magie, les apparitions illusoires et les rêves (les formes, etc) contemplés comme étant réels, sont vides d'existence inhérente, tous les phénomènes sont à connaître pareillement". Après cette concentration, l'apparence de la simple appellation d'un "Je" à l'endroit même de l'objet de négation nié (un "Je" ayant une existence inhérente) devrait être prise comme l'illusion d'un magicien. Dans ce système la manière d'apparaître du "Je" n'est pas la réalisation de la non-réalité de chevaux et d'éléphants illusoires ou d'apparitions oniriques. Si tel était le cas, des magiciens et des personnes sensées et érudites connaîtraient comme un (tenant du) Madhyamika le mode illusoire des apparences. De plus les illusions, auxquelles nous nous référons à l'occasion de cette post-méditation, n'impliquent pas que vous ne devriez pas identifier, par la pratique de l'analyse selon la Vue, les apparences comme étant ceci ou comme n'étant pas cela.

Question : Dans ce cas que sont les apparences illusoires ?

Réponse : Se rendre compte que les chevaux et les éléphants créés par un magicien ne sont pas des chevaux et des éléphants ne contredit pas l'existence inhérente des chevaux et des éléphants. Le glorieux Dharmakirti (15) dans son *"Commentaire"* sur la "Connaissance Valide" de Dignaga (16) *(Pramanavarttika)* dit : "Sans réfuter leurs objets ils ne peuvent être abandonnés. Le désir, la haine, etc, étant en relation avec (la perception des) qualités et défauts (au-delà de ce qui est vraiment là) sont abandonnés par la méthode qui consiste à ne pas voir de telles qualités et défauts dans les objets. Et ils ne peuvent l'être par un moyen extérieur." (Afin de vaincre un facteur perturbateur) il est insuffisant de l'arracher comme une épine. L'objet d'une conception erronée doit être réfuté. Il est indéniable que les chevaux et les éléphants illusoires sont perçus par une conscience de l'œil parce que cette conscience est affectée par une cause d'erreur temporaire et immédiate (le charme d'un magicien). Cependant il suffit aux gens ordinaires d'être adultes pour savoir que les chevaux et les éléphants fictifs n'existent pas comme ils sont appréhendés. (Pourtant) c'est exactement de la même manière que les chevaux et les éléphants (ordinaires) apparaissent, eux aussi, formellement, à une conscience conventionnelle (comme s'ils existaient réellement). C'est ainsi, par potentialités innées d'erreur (les prédispositions établies par l'ignorance), mais sachez que du point de vue de leur propre entité ces apparences sont vides d'existence inhérente, sont pareilles à des illusions.

Il est, de plus, connu qu'un lion créé par un magicien, en fait, n'existe pas. Mais en voyant un lion illusoire tuer un éléphant illusoire, la certitude inébranlable qu'un faux lion a tué un éléphant chimérique est produite. Similairement, une personne ayant une existence non-inhérente apparaissant (exister réellement) comme une illusion, accumule des actions noires et blanches (karma) et en expérimente leurs fruits.

Mon lama enseignait que l'avènement d'une profonde conviction à ce sujet, est une des caractéristiques marquantes de la Doctrine (du Madhyamika).

Des chevaux et des éléphants existant réellement sont réfutés par le raisonnement. Par conséquence, pour une conscience conventionnelle, la perception des chevaux et des éléphants comme existant vraiment est erronée, tout comme la saisie de chevaux et d'éléphants illusoires (comme réels). Cependant, du point de vue d'une conscience mondaine, une intelligence appréhendant des chevaux et des éléphants comme réels n'est pas erronée, et celle acceptant des chevaux et des éléphants illusoires est erronée. C'est par de telles subtiles distinctions que l'exemple des fantasmagories créées par un magicien sert de démonstration.

Si ayant admis que les chevaux et les éléphants ne possèdent pas d'existence en eux-mêmes, vous les preniez, conventionnellement, comme similaires à ceux illusoires, vous seriez alors en contradiction avec la signification du "*Supplément*" (VI, 25.abc) de Candrakirti affirmant : "Ces objets saisis dans le monde par les six sens valides ne sont vrais que pour le monde". Vous seriez en train de nier les conventionalités.

Manjushri insista auprès du maître supérieur Tsong-ka-pa sur la nécessité de donner aux variétés d'apparences leur juste valeur. Sa pensée se basait sur la crainte d'un futur en lequel les disciples ne comprendraient pas l'importance d'un tel point et tomberaient dans une vue nihiliste. C'est pourquoi, Tsong-ka-pa, dans la "*Voie Graduée*", en ses différentes présentations résumées et détaillées, et dans ses "*Commentaires*" sur la "*Sagesse Fondamentale*" de Nagarjuna, et sur le "*Supplément*" de Candrakirti, présenta plusieurs modes d'établissement de l'existence des apparences. Cependant, le lion des orateurs, le traducteur Dak-tsang (stag-tshang), accusa Tsong-ka-pa et dit : "Il affirme que les apparences erronées et impures sont établies validement au moyen de plusieurs formes de raisonnements". On peut se rendre compte que (cette critique) provient de la même source d'erreur (niant les conventionnalités).

ETABLISSEMENT DU NON-SOI DES PHENOMENES

La deuxième partie (de la pratique de la Perfection de Sagesse) porte sur la manière de méditer le non-soi des phénomènes (autres que les personnes). Par exemple, un "corps" apparaît, en relation avec ses cinq membres, du sommet de la tête à la plante des pieds comme s'il était établi de son propre chef sans être nominalement désigné. (L'identification) de ce corps est (dans la théorie du non-soi) **le point essentiel** dans la reconnaissance de l'objet nié. La décision qu'un tel corps doit être soit un avec, soit différent des portions supérieures et inférieures du corps, ou des membres, etc, est **le point essentiel** dans l'établissement de la façon dont le corps "imprègne" ses parties.

(Prenons tout d'abord en considération l'idée que le corps et sa base d'imputation) sont un. Il est certain que les bases de la désignation "corps" : la tête, les pieds, la chair, les os, la peau et le phénomène désigné : corps, sont différents. (S'il en était autrement il y aurait plusieurs corps ou bien les parties seraient une). Voici le **point essentiel** de l'établissement du manque de véritable unité (du corps avec ses bases de désignation).

(Considérons maintenant la position selon laquelle le corps et la base servant à le nommer) sont différents. Après avoir mentalement éliminé une à une les parties du corps, du sommet de la tête à la plante des pieds, il est impossible d'identifier un "corps". Ainsi, mis à part un corps désigné par la pensée en dépendance de l'ensemble des cinq membres, il n'y a pas de corps établi de son propre bord. Ceci est le **point essentiel** du manque de réelle différence (entre le "corps" et ses bases d'imputation).

Lorsque la certitude (du non-soi du corps) apparaît distinctement, vous réaliserez pour la première fois une cognition du non-soi des phénomènes. Si le corps existait de manière inhérente en relation avec la forme de ses cinq membres pris ensemble, et sans dépendre d'une désignation mentale (de nombreuses absurdités se feraient jour. Prenons, par exemple : un poteau considéré comme possédant une existence en lui-même). En ce cas la conscience décrétant : "Ceci est un poteau" aurait tout aussi bien dû surgir en voyant l'arbre, gros de branches et de feuilles lorsqu'il s'élevait dans la forêt, qu'en référence à son état après façonnage par le charpentier. De la même manière que le nouveau-né, encore sans nom le mois dernier, ce mois-ci est nommé "Tashi". La pensée "Tashi" aurait dû apparaître tout autant lors de la première vision de l'enfant à sa naissance qu'à présent, mais il n'en est pas ainsi.

De plus la conscience est désigné en relation à un composé de nombreuses parties : la conscience d'hier, d'aujourd'hui, etc, qui sont sa base de désignation. Le temps est également établi en relation avec un composé d'années, de mois, de jours, etc. De même, si l'espace qui est un non-produit, est illustré comme formé de plusieurs milliers de cavités, puisque chaque trou occupe une partie de l'espace : "l'espace" est établi en relation avec leur ensemble.

Par l'utilisation de cette approche selon les **Quatre Essentiels,** la Vue (du Madhyamika) peut être rendue certaine, n'importe quel phénomène pouvant en être son objet.

Candrakirti nous offre dans ses *"Paroles Claires"* l'exemple du chariot : lorsqu'il est brûlé, ses parties (composantes) le sont également. Pareillement si le soi est compris comme existant de façon non-inhérente, la conception d'une existence intrinsèque des cinq agrégats - sa base de désignation - disparaît, et le non-soi des phénomènes est connu. La force de la conviction et de la pratique adéquate du non-soi de la personne rendra aisée la fondation du non-soi des phénomènes.

En ce qui concerne ce dernier point, Aryadeva dans ses "*Quatre Cents Stances*" expose : "La vue d'un seul phénomène est expliquée comme étant la vue de tous. La vacuité d'un seul est la vacuité de tous". Il ajoute : "Celui qui appréhende un phénomène comme réel les voit tous ainsi."

Si un phénomène est connu comme vacuité (vide d'existence inhérente) tous les autres peuvent alors être discernés de cette façon. Appliquez-vous ainsi au non-soi, prenant par exemple comme objet une forme, en conformité avec la pratique (du non-soi des personnes), et tous les phénomènes allant des formes jusqu'aux consciences omniscientes apparaîtront comme existant de manière non-inhérente.

L'expérience des anciens Maîtres fournit (à cet égard) plusieurs exemples (de la pratique du non-soi des phénomènes) mais s'il s'avérait nécessaire de méditer sur tous les phénomènes un par un, le pratiquant serait préalablement obligé d'accumuler les moyens permettant de vivre éternellement ! Si vous persistez à dire qu'au moment de l'Ecoute et de la Réflexion donner plusieurs exemples est insuffisant, je vous prierai alors d'abandonner toutes distractions consistant à montrer du doigt vos espoirs et vos craintes. Asseyez-vous sans bouger dans la "méditation stabilisatrice" en laquelle les lèvres sont tenues closes, et demeurez tel un quartier de viande !

PRATIQUE DE LA VACUITE
Notes du Pr. J. Hopkins

a) Pour une exposition résumée des Quatre Attentions se référer au livre "The Precious Garland and the Song of the Four Mindfulnesses" (London, George Allen and Unwin, 1975), de Nagarjuna et du VIIe Dalaï Lama, Kaysang Gyatso.

b) Voir Jeffrey Hopkins "Meditation on Emptiness" (New York : Potala, 1980) parts I and II.

c) Le processus expliqué dans ce paragraphe suit les quatre applications mentales (chatvaramanaskara, yid byed bzhi); pour de plus amples explications voir (Meditation on Emptiness), Part I, chapter eight.

d) Deux commentateurs du Madhyamika.

Notes des traducteurs

1. **Sciences intérieures :** les bouddhistes se qualifient eux-mêmes comme étant "ceux de l'intérieur" (nang pa). Ces sciences sont l'éthique, la concentration et la sagesse.

2. **Asvagosha :** L'un des plus fameux maîtres et poètes indiens ayant vécu environ un siècle avant l'ère chrétienne. Il était contemporain du roi Kaniskha de la dynastie Kusan. Il est connu sous plusieurs noms : Aryasura, Matrceta, Bhavideva, etc. On lui doit les "Cinquante Stances au Maître" un des textes principaux sur les pratiques de dévotion au maître spirituel.

3. **Un doute subsiste :** Il faut comprendre ici que ce qui distingue un pratiquant du Grand Véhicule d'un pratiquant du Véhicule Inférieur n'est pas la réalisation de la vacuité mais la présence ou l'absence de l'aspiration à l'Eveil suprême.

4. **Dje Tsong kha pa** (1357-1419) : Fondateur de la tradition Gelug ou "Nouveaux Kadam". Ses œuvres forment la synthèse des Sutras et Tantras et clarifient de nombreux points doctrinaux devenus obscurs en son temps. C'est à cette tradition que sont rattachés les Dalaï Lamas.

5. **Nagarjuna :** Fondateur de la philosophie Madhyamika (2e s.). C'est sur ses ouvrages et ceux de son disciple direct Aryadeva, qu'est fondée la tradition philosophique tibétaine. C'est un des "Six Ornements" de l'Inde.

6. **Candrakirti** (7e siècle environ) : Il vint sur terre avec pour seul propos de clarifier les enseignements de Nagarjuna; telle est la réponse de Manjushri à une question de Tsong khapa. On lui doit le Madhyamakavatara, un des commentaires principaux du "Traité de la Voie du Milieu" de Nagarjuna.

7. **Atisa,** (11e siècle) : Dipamkara Sri Jnana supérieur du monastère de Vikramasila et récipiendaire des deux grandes lignées de transmission de la Parole du Bouddha (Manjusri/Nagarjuna et Maitreya/Asanga). Invité au Tibet il y séjourna les treize dernières années de sa vie.

8. **Buddhapalita** (env. 5e siècle) : Un des grands docteurs Prasangika-Madhyamika "Ceux qui usent de la conséquence".

9. **Santideva** (8e siècle). Il résidait à l'université monastique de Nalanda. Il est l'auteur de "l'Entrée dans la Pratique des Bodhisattvas".

10. Rappelons que cette démonstration est adressée à des personnes familières avec les méditations sur les renaissances et qui ont dissipé leurs doutes à ce propos.

11. Le concept "Je" employé est plus large que le "Je" communément accepté en Occident; il recouvre également la conscience subtile porteuse du potentiel pour une nouvelle naissance.

12. Le domaine du "Sans Forme" est un état d'existence en lequel même les formes subtiles sont absentes quatre agrégats seulement y participent.

13. **Geshe Potoba** (1027-1105): Un des maîtres de la tradition Kadam, la lignée fondée par Drom teun-pa, disciple direct et successeur d'Atisa. Cette tradition est le fondement des ordres Kagyu, Sakya et Gelug. Ses deux frères, les Geshe Chen nga ba et Pu chung ba sont également des maîtres renommés.

14. **Kamalasila :** (8e siècle). Docteur avec Santiraksita d'un des deux types de présentation philosophique existant à l'intérieur de l'école Svatantrika. Leur caractéristique porte sur la définition du mode d'existence des objets extérieurs désignés par l'esprit.

15. **Dharmakirti** (7ᵉ siècle) : Né dans une famille de brahmines devint maître de dialectique à l'université de Nalanda. Il défit en débat des tenants des systèmes brahmines et jains. Le Pramanavarttika, avec son commentaire, comptent parmi ses principaux ouvrages de logique. Cet exposé permet, entre autre, d'étudier la théorie des renaissances.

16. **Dignaga** (6ᵉ siècle environ). Le second "Ornement" des logiciens avec Dharmakirti. Il étudia lui-même selon Vasubandhu le frère d'Asanga. Dénonçant de nombreux exemples d'erreurs de perception et d'inférence, il définit une source valide de connaissance (pramana).

BIBLIOGRAPHIE

(Ces références renvoient à l'édition de Pékin du Tripitaka Tibétain publiée par la Suzuki Research Foundation, Tokyo-Kyoto).

PREMIERE PARTIE

SUTRA (DISCOURS)

Roi des Recueillements.
Samadhiraja-sutra/Sarvadharmasvabhavasamatavipancitasamadhirajasutra Ting nge 'dzin rgyal po'i mdo/Chos thams cad kyi rang bzhin mnyam pa nyid rnam par spros pa ting nge 'dzin gyi rgyal po'i mdo. P795, vol. 31-32.

SASTRA (COMMENTAIRES)

Aryadeva : Quatre Cents Stances (sur les Actes Yogiques des Bodhisattva).
Catuhsatakasastrakarika, Bstan bcos bzhi brgya pa zhes bya ba'i tshig le'ur byas pa. P 5246, vol. 95.

Dharmakirti : Commentaire du "Compendium de Connaisance Valide" (de Dignaga).
Pramanavarttikakarika, Tshad ma rnam 'grel gyi tshig le'ur byas pa. P. 5709, vol. 130.

Nagarjuna : Lettre à un Ami.
Suhrllekha, Bshes pa'i spring yig. P. 5682, vol. 129.

1. Sagesse, Traité Fondamental sur la Voie du Milieu.
Prajna-nama-mulamadhyamakakarika, Dbu ma rtsa ba'i tshig le'ur byas pa shes rab çes bya ba. P. 5224, vol. 95.

2. Rosaire Précieux de Conseils au Roi.
Rajaparikatharatnavali, Rgyal po la gtam bya ba rin po che'i phreng ba. P. 5658, vol. 129.

3. Réfutation des Objections.
Vigrahavyavartanikarika, Rtsod pa bzlog pa'i tshig le'ur byas pa. P. 5228, vol. 95.

4. Soixante-dix Stances sur la Vacuité.
Sunyatasaptatikarika, Stong pa nyid bdun cu pa'i tshig le'ur byas pa. P. 5227, vol. 95.

5. Soixante Stances Dialectiques.
Yuktisastikakarika, Rigs pa drug cu pa'i tshig le'ur byas pas. P. 5225, vol. 95.

6. Traité Dénommé "Finement Tissé".
Vaidalyasutranama, Zhib mo rnam par 'thag pa zhes bya ba'i mdo. P. 5226, vol. 95.

Perfection de Sagesse en Cent Mille Stances.
Satasahasrika-prajnaparamita-sutra, Shes rab kyi pha rol tu phyin pa stong phrag brgya pa'i mdo. P. 730, vol. 12-18.

Maitreya : Ornement des Réalisations.
Abhisamayalamkara, Mngon par rtogs pa'i rgyan. P. 5184, vol. 88.

Ornement des Discours du Grand Véhicule.
Mahayanasutralamkarakarika, Theg pa chen po'i mdo sde'i rgyan gyi tshig le'ur byas pa. P. 5521, vol. 108.

BIBLIOGRAPHIE

DEUXIEME PARTIE

SUTRA

Chapitre de Kasyapa
Kasyapaparivartasutra, 'Od srung gi le'u'i mdo. P. 760, vol. 24.

Descente à Lanka.
Lankavatarasutra, Lang kar gshegs pa'i mdo. P. 775, vol. 29.

Roi des Recueillements.

SASTRA

Aryadeva : Quatre Cents Stances.

Asvagosha : Eloge des Personnes Méritoires.
Bsngags par 'os pa bsngags pa.

Candrakirti : Supplément au "Traité de la Voie du Milieu".
Madhyamakavatara, Dbu ma la 'jug pa. P. 5262 et 5261, vol. 98.

Commentaire aux "Quatre Cents Stances" (de Aryadeva).
Bodhisattvayogacaryacatuhsatakatika, Byang chub sems dpa'i rnal 'byor spyod pa bzhi brgya pa'i rgya cher grel pa. P. 5266, vol. 98.

Les Paroles Claires, Commentaire du "Traité Fondamental sur la Voie du Milieu" (de Nagarjuna).
Mulamadhyamakavrttiprasannapada, Dbu ma rtsa ba'i 'grel pa tshig gsal ba. P. 5260, vol. 98.

Dharmakirti : "Commentaire du Compendium de Connaissance Valide (de Dignaga)".

Geshe Potowa : Petit Réceptacle. Be'u bum.

Kamalasila : Etapes de la Méditation.
Bhavanakrama, Sgom rim. P. 5310-12, vol. 102.

Nagarjuna : Cent Stances sur la Sagesse.
Prajnasataka, Shes rab brgya pa. P. 5820, vol. 144 et P. 5415, vol. 103.

Santideva : Entrée dans la Pratique des Bodhisattvas. Bodhisattvacaryavatara, Byang chub sems dpa'i spyod pa la 'jug pa. P. 5272, vol. 99.

Tsong kha pa : Grande Exposition de la Vue Pénétrante. (Cf. Lam rim chen mo). P. 6001, vol. 152.

Petite Exposition de la Vue Pénétrante. (Cf. Lam chung ba et bring). P. 6002, vol. 152.

Les Trois Principaux Aspects de la Voie.
(Cf. Lam gtso rnam gsum). P. 6087, vol. 153.

Cinquième Dalaï Lama : "Parole Sacrée de Manjushri, Instructions sur les Etapes de la Voie vers l'Eveil". (Byang chub lam gyi rim pa'i khrid yig 'Jam pa'i dbyangs kyï zhal lung).
Thim-phu : Kun-bzang stobs rgyal, 1976.

DEDICACE

Puissent les bienfaits issus de cet ouvrage, quels qu'ils soient, contribuer à la libération et au bonheur des êtres innombrables, exauçant ainsi les vœux des maîtres compatissants.

DEPOT LEGAL No 0015 - 1er trimestre 1980

IMPRIMERIE ZIMMERMANN CAGNES/MER